क़ुबूल था

Published By

POETRY WORLD ORG

First Edition : 2020

Printed In India

क़ुबूल था

प्रवीण ठाकुर

विषय सूची

मैं कौन हूँ

अनगिनत सपनों के सिपाही आपको सपनों के शहर में सपनों को पूरा करने के सपने सजाए भटकते दिखते हैं, उन्हीं में से एक मैं हूँ। कुछ समय तक मेरा परिचय मेरा आधार कार्ड ही देता था, या मेरे पिताजी या गाँव शहर का नाम। तब मैं किताब लिखने की सोच भी नहीं सकता था क्यूंकि ना मेरे पास अनुभव दर्शाती सफेद दाढ़ी है ना मेरे धनवान होने का परिचय देती गाड़ी है और ना ही मेरे आस पड़ोस के जानने वालों के जानने वाले किसी बड़ी संस्था में बड़े पद पर हैं।

अब मेरा परिचय मेरी कलम है और मेरी कविताओं और विचारों को यूट्यूब के माध्यम से प्यार देते मेरे अपने हैं।

बदलते समय को बदलती सोच और बदली हुई सोच दोनों से देखा और देखते देखते समाज को बदलने की सोच आने लगी, और समाज के साथ बदलते रहना ही असली समझदारी है ये भी समझ आ गया। 21 वर्ष के जीवन में से मैंने 14 वर्ष गाँव में गुजारे हैं, और भूरी और काली भैंसिया के लालन पालन से लेकर शहर में विश्व स्तरीय संस्थाओं में काम करने तक को छोड़कर लिखना शुरू करने की मेरी यात्रा बस 21 साल की है।

इस पुस्तक में क्या है?

प्रेम, प्रेरणा और परिस्थिति को शब्द देने का एक प्रयास भर है ये किताब। कहीं इसमें आपको गाँव के खेत में सरसों से बनी हुई धरती पर बिछी पीली चादर दिखेगी, कहीं अंधेरों में अकेला बैठा हुआ कोई घर से दूर क्या, क्यूँ, कैसे, कहाँ, कब और कितना जैसे बुलबुलों को फाड़कर सपनों की इमारतों का मूल्य पसीने से चुकाता दिखेगा तो कहीं मेट्रो में नव विवाहित जोड़ा शीशे के पास बैठकर शहर की दिखावटी सुंदरता को निहार रहा होगा। भावों की लहर मारती सूखी धरती को शब्दों के जल से सींचने का और नए नए फूल स्वरुप विचारों के फूटकर खिला देने का मेरा प्रयास है इस किताब की कहानी से। ये कहानी भाषाओं की सीमाओं को तोड़कर अपना एक अलग संसार बनाती है। पंजाबी, अंग्रेजी, उर्दू, और बंगाली के शब्द भी हिंदी को गलबहियाँ डालकर सजाते दिख जाएंगे।

खण्ड -1

कहानियां

सावन के आँसू

"कोई रोने तक को फोन नहीं उठा रहा इसलिए तुमको मिला लिए"

दोपहर तीन के आस पास वीडियो बनाने के लिए सेट अप कर रहा था, अचानक मेघ आए सब काला हुआ और सबसे पहले बिजली भाग खड़ी हुई। अंधेरे में बैठा ध्यान मेसेजस की ओर चला गया कुछ अच्छे लिखे थे कुछ बुरे।

दिमाग है कि मानता नहीं और मौसम मुझे विवश कर देता है लिखने के लिए ये शब्द ही मेरे तले हुए प्याज के पकोड़े हैं, हरे धनिए की गाँव में सिल पर बनी हुई चटनी के साथ परोसे हुए। मैं भाषा के समंदर में डूब कर शब्दों के मोती ढूँढ ही रहा था कि अचानक से पड़ोसी ने कहा अरे भाई एक हेल्प करदो यार हमाई घर वाली बना नहीं रही है तुम तो वो सविग्गी से फोन से भी मंगाते हो हम से कुछ रुपए ज्यादा लेकर मंगा दो न, मैंने सोचा ठीक है देखता हूं बारिश में सर्विस दे रहे हैं या नहीं।

तभी एक फोन आया गाँव से, आवाज को पहचान नहीं पाया कौन सा चाचा कौन सा ताऊ कौन सा फूफा था क्यूंकि आवाज जैसे टूट गई थी उसकी। टूटते हुए शब्दों को जोड़कर उसने कहा प्रवीन बेटा सत्यानाश हो गया सारी खेती बैठ गई, कोई दर्द बाँटने फोन तक नहीं उठा रहा इसलिए तुमको मिला लिए, पर मैं तो पकोडों की सोच रहा था, मैं तो भूल गया था मेरे कुछ अपने मिट्टी में रहते हैं मिट्टी के सहारे जीते हैं और मेरी अक्ल पर मिट्टी पड़ी थी कि फोन करके पूछ भी न सका किसका कितना नुकसान हुआ है।

कौनसा मैं फसल लहलहा देता कौनसा उनके घरों में अनाज की बारिश होती मेरे पूछने से या रोती सी शक्ल बनाने से पर

"कोई रोने तक को फोन नहीं उठा रहा इसलिए तुमको मिला लिए" ने तोड़कर रख दिया कुछ पलों के लिए।

ये भी उन्हीं लोगों में से एक हैं जो हर नेता के हर भाषण में होते हैं हर योजना, विवेचना और हर कार्य में इनकी फोटो ब्रांड एंबेसडर की तरह लगाई जाती है, बेचारे ब्रांड एंबेसडर का कारोबार, घरबार और परिवार सब उसी मिट्टी से चलता है।

कितनी चंचल मिट्टी है ये अपनी मर्जी से रोटी देती है जब मन करे खुद ही लील जाती है फिर पानी में भीगी हुई ऐसे पड़ी रहती है जैसे कोई युवती किसी धोखेबाज के प्रेम में पड़ती है और फिर अपनी पहचान खोकर पछता रही होती है। वैसे ही ये धरती पानी के प्रेम में पड़कर यौवन खोल देती है फिर अपने बच्चों को रोता बिलखता देख तड़प उठती है पर काम तो तमाम हो ही चुका है। जैसे युवती अपनी पहचान और स्वतंत्रता खोकर दासता का जीवन जीती है वैसे ही धरती के बेटे कुछ बची खुची फसल से रोटियाँ बनाकर गुजारा करते हैं, उनके अपने बच्चों को किए वादे कि इस बार फसल अच्छी होने पर तुमको रेंजर सायकिल दिलाएंगे या लैपटॉप दिलाएंगे एक साल आगे बढ़ जाते हैं।

फोन करने वाले को बोल दिए हैं जब तक हमारी थाली भरी है आप की खाली नहीं होने देंगे और हम लोग रोने वालों में से नहीं है हम लड़ते हैं बस लड़ते रहते हैं सारा जीवन लड़ते हैं यूँ ही लड़ते रहेंगे क्यूंकि हमें एक ही धर्म दिया है विधाता ने लड़ाई, नियति से पटक खाकर फिर खड़े होना और अपनी टूटी हालत दिखाकर उसे चिढाना देख हम खड़े हैं टूटकर भी खड़े हैं और खड़े रहेंगे.... हम खड़े हैं हम लड़ रहे हैं और लड़ते रहेंगे।

प्रवीन लड़ाकू है हार तो तभी हो सकती है जब बैटरी से सेल खतम हो जाएँ...

हार महाराणा को दिल में सजाने वाले ने कभी सुनी नहीं बस लड़ाई जान रहने तक लड़ाई नियति से परिस्थिति से तंत्र से ये लड़ाई मेरी है और मैं ही लडूंगा .... लड़ाई जारी रहेगी...

हराम इश्क

नया - नया निकाह होने के बाद हनीमून में शबाना और आमिर इश्क की बुलंदियों पर हैं, शिमला की ठंडी फिजाओं में दोनों के इश्क का शर्बत मिठास में शहद को भी पीछे छोड़ चुका है।

शबाना ने आमिर के गले में बाहों का हार डालते हुए कहा,

"कितनी मोहब्बत करते हो मुझसे?"

"बेपनाह"

"बस"

"हाँ और क्या"

"अच्छा चाँद तारों को तोड़कर लाने वाली बात नहीं बोलोगे?"

आमिर ने खीजते हुए कहा "नहीं ये बच्चों जैसी बात करने का शौक नहीं मुझे"

"पर मुझे तो बहुत अच्छी लगती हैं"

आमिर ने शायराना अंदाज में कहा

" इश्क इश्क से इश्क माँग बैठा,

ये कैसी ख्वाहिश अजीब है आमिर,
चाँद खुद हमसे चाँद माँग बैठा।"

शबाना ये सुनते ही लाल हो गई। शिमला की ठंडी फिजाओं में एक दूसरे की साँसों में लिपटे हुए दोनों अंधेरों में गुलजार हो रहे थे।

शबाना ने आमिर से कहा "जरा सलीखे से पेश आइए"।

आमिर ने फिर शेर बाजी करते हुए कहा।

"कोई नफा कोई नुक्सान याद नहीं रहता,
अभी नया है अलिफ इश्क की गलियों में,
इसे उसका मकां याद नहीं रहता,
सलीखे से होंठ चूमने की बात करता है,
एक बार छू जाए फिर सलीखा याद नहीं रहता।"

शबाना से फिर कुछ न कहा गया और अंधेरा चढ़ते चढ़ते दोनों का इश्क भी चढ़ता चला गया।

शिमला में आमिर की छुट्टियाँ और शबाना का हनीमून खत्म हुआ तो दोनों गाजियाबाद वापस आ गए।

आमिर दफ्तर जाने लगा और शबाना घर के काम और आमिर के वालिद और वालिदा का ध्यान रखने लगी।

रविवार के दिन आमिर ने शबाना को वॉट्सएप किया कि शाम को उसके ऑफिस के कुछ कलीग्स साथ आएंगे तो कुछ खाने पीने का इंतेजाम करके रखे।

ये पहली बार था कि शबाना आमिर के दोस्तों से मिलेगी, शबाना ने आमिर और आमिर के माँ बाबा का दिल तो उनकी खिदमत करते करते जीत ही लिया था, अब शबाना आमिर के दोस्तों में भी अपनी रसोई का सिक्का जमाने का सोचने लगी।

वक़्त की कमी की वजह से शबाना बस समोसे और चाय ही बना पाई।

शबाना ने अंदाजा लगाया था कि कम से कम चार दोस्त तो आएंगे ही पर आमिर के साथ दो दोस्त ही थे जिनमें से एक आमिर की टीम लीडर पूजा थी और एक आमिर का टीम मेट जैद।

पूजा ने जींस और टीशर्ट पहनी हुई थी।

दरवाजा जब शबाना ने खोला तो पूजा को देखकर कुछ पलों के लिए तो सोचने लगी "हाय अल्लाह ये कैसी बेहयाई के कपड़े पहने हुए हैं"।

तभी पूजा ने कहा "हाय आई एम पूजा योर हसबैंड'स टीम लीडर"।

शबाना को फिर कुछ ना सूझा उसने हिचकिचाते हुए कहा "अस्सलाम उ अलैकुम"

पूजा ने खिलखिलाते हुए कहा अच्छा जी " अस्सला कुम"

पास में खड़े जैद ने पूजा को समझाया कि कैसे उत्तर में वालेकुम अस्सलाम कहना होता है और अस्सला कूम नहीं है अस्सलाम अलैकुम होता है।

सलाम नमस्ते के बाद आमिर जैद और पूजा तीनों सोफे पे बैठे कुछ फाइल्स डिस्कस कर रहे थे तभी शबाना समोसे और चाय लेकर आई और परोसने लगी। परोसते समय अचानक से शबाना का हिजाब खुल गया और लटकने लगा।

ये देखकर आमिर को शबाना पर गुस्सा आया पर पूजा के सामने होने की वजह से कुछ बोल नहीं पाया।

शबाना ने हिजाब को खोलकर समेटकर गले में डाल लिया और परोसने लगी।

जैद बीच में बोल उठा "आमिर भाई बहुत खुशकिस्मत हैं, भाभी जान बेइंतहाँ खूबसूरत हैं"।

पूजा खिलखिलाकर हंसने लगी।

आमिर को सुन कर अच्छा कम लगा और खुन्नस ज्यादा आने लगी।

आमिर अब चाह रहा था कि ये लोग जल्दी से जल्दी यहाँ से जाएं और शबाना को एक बार अच्छे से झाड़ सके।

चाय नाश्ते के बाद पूजा और जैद शबाना से बातें करने लगे, पूजा ने शबाना से उसका वॉट्सएप नम्बर लिया ताकि वो भी टेस्टी समोसे बनाना सीख सके।

आमिर को जैद का शबाना से हंस हंस कर बात करना सुखाए दे रहा था।

जब पूजा और जैद चले गए तब आमिर को मन तो हुआ कि वह शबाना को अच्छे से झाड़ लगाए पर ना जाने क्या सोच कर चुप चाप अपने कमरे में जाकर बैठ गया।

शबाना साफ सफाई और घर के काम में आमिर से बात करना भूल गई और जब काम समेट कर जब अपने कमरे में आई तो देखा कि आमिर मुँह फुलाए बैठा है।

"क्या हुआ शायर साहब आप इस तरह मायूस से क्यूँ बैठे हैं"

चिड़चिड़ेपन के साथ आमिर ने कहा "हाँ क्यूं नहीं तुम्हें तो जैद के साथ बातें करने में बेइंतहाँ खुशी मिली होगी ना"।

"ये आप कैसी जाहिलों जैसी बातें कर रहे हैं"

ये सुनकर आमिर का दिमाग और भी घूम गया।

"हाँ मैं जाहिल भी लगने लगा, उसने बेइंतहाँ खूबसूरत क्या बोल दिया तुम तो आसमान छोटा करे दे रही हो"

"आमिर अगर आपने एक और फालतू बात की में सच बोल रही हूँ मुझसे बुरा कोई नहीं होगा"

तभी शबाना के कानों में आवाज आई।

"तलाक, तलाक, तलाक"

एक पल को शबाना सिहर उठी उसकी साँसें जहाँ की तहाँ रह गईं।

"ये क्या बेहुदा मजाक है?"

आमिर ने शबाना की एक ना सुनी और शबाना को खींचकर कमरे से बाहर करके खुद को अंदर बंद कर लिया।

आमिर की वालिदा ने जब शबाना को आँगन में बैठकर रोते हुए देखा तो भागी भागी आईं और बड़े लाड़ से उसके आँसू पोंछकर उसको गले से लगाते हुए बोलीं

"क्या हुआ मेरी लाडली, मियाँ बीबी का झगड़ा हुआ क्या?"

"उन्होंने हमेशा हमेशा के लिए झगड़ा कर लिया है अम्मी"

"मतलब"

"उनके दोस्त ने उनके सामने मुझे बेइंतहाँ खूबसूरत बोल दिया था इस बात से नाराज़ हो गए हैं, इस में मेरी क्या गलती थी और मुझे तलाक, तलाक, तलाक बोल दिया"

"बुढ़िया जानती थी कि आमिर कितना चिड़चिड़ा है, इस बात पर उसे कोई आश्चर्य ना हुआ पर फिर भी घर की नाव में छेद होते देख उसे भविष्य अंधेरे में दिख रहा था"

आवाज को धीमे से करते हुए बोली "सुन ये बात किसी तीसरे को पता नहीं चलनी चाहिए और आ मेरे साथ ऐसे बोल देने से रिश्ते नहीं टूट जाते मै समझाती हूँ इस बुद्ध को"

बुढ़िया ने दरवाजा खुलवाया और आमिर को प्यार से समझाने लगी, रात का अंधेरा बढ़ने के साथ आमिर का गुस्सा भी ढीला हो गया था उसे शबाना की रोज की आदत पड़ गई थी।

बुढ़िया ने पुचकार कर और लाड़ प्यार से आमिर को मना लिया क्यूंकि आमिर बैठा ही मनाए जाने के लिए था, पर अपनी गलती आमिर मानना नहीं चाहता था। ऐसे वक्त में उसकी माँ का उसे दुलार कर मनाने वाली बात काम कर गई।

आमिर और शबाना का रिश्ता आमिर ने जैसे मुँह से बोल कर तोड़ दिया था, वैसे ही फिर बाहें खोलकर बोला
"आओ शबाना" और फिर से रिश्ता जुड़ गया।

बुढ़िया अपने कमरे में सोने चली गई और आमिर अपनी शबाना की गोद में सर रखकर बैठ गया।

बुढ़िया अपने कमरे में पड़े पड़े सोच रही थी अगर ये बात किसी तीसरे को पता चल गई तो अर्थ का अनर्थ हो जाएगा,
यहाँ तक कि आमिर के अब्बू के कानों में भी भनक गई तो बात संभाले नहीं संभलेगी। बुढ़िया को अपने जवानी के दिन याद आ गए जब उसको भी इसी तरह आमिर के अब्बू ने गुस्से में तलाक दे दिया था और बाद में दवाब में आकर हलाला कराना पड़ा था। अम्मी को आमिर भी हलाला की वजह से ही मिला था क्यूंकि खान साहब की पहले भी एक बीबी थी जो मर गई थी उनके 6 साल में कोई बच्चा नहीं हुआ था जिस वजह से उन्हें दूसरी शादी करनी पड़ी।

आमिर के अब्बू पेशे से दर्जी का काम करते हैं और उनके लिए सबसे बढ़कर उनका ईमान है, वे अल्लाह को छोड़कर किसी के बाप से भी नहीं डरते। मौलवी की कही हुई बात उनके लिए पत्थर की लकीर होती है और शायद यही परेशानी भी है कि उनके अल्लाह और उनके बीच मौलवी आ जाता है, कितना खूबसूरत होता कि हमारी बात अल्लाह तक पहुँचाने के लिए हमें किसी बिचौलिये की जरूरत नहीं पड़ती अल्लाह तक दिल का रिश्ता ही होता।

****

सवेरा जब हुआ तो आमिर आँगन में बैठकर आराम से अखबार पढ़ रहा था शबाना चाय पानी का इंतेजाम कर रही रही थी और

आमिर की माँ आमिर के अब्बू के बालों में से खजाने ढूंढ रही थी मतलब सफेद बाल उखाड़ रही थी और जूएँ वगैरह ढूंढ रही थी। सुबह सुबह ये काम अजीब लगता है पर रविवार वाला दिन शायद होता ही इन्हीं कामों के लिए है।

तभी आमिर के अब्बाजान ने थोड़ा खाँसने की एक्टिंग करते हुए पूछा।

"अरे भाई ये बताओ कल रात को तुम तीनों मिलकर किस बात पर शोर मचा रहे थे?"

बुढ़िया आमिर को इशारा करके चुप रहने को कहना चाहती थी पर आमिर उसकी तरफ देख ही नहीं पाया।

"कुछ नहीं अब्बू कल हम होश खो बैठे थे और गुस्से में आकर...

इतने में ही अम्मी बात काटते हुए बोली "इस उम्र में होता ही यही है छोटी मोटी नटखट बातों पर गुस्सा वगैरह आ ही जाता है आप भी सुबह सुबह पंचायत खोल कर बैठ गए"

अब्बू ने बुढ़िया को घूरकर देखते हुए कहा

"हमें हमारे बेटे से भी बात कर लेने दो थोड़ी सी"

बुढ़िया चुप हो गई क्यूंकि अपने पति की बात काटने का साहस उसमें नहीं था यहाँ तक कि अब तक कभी ऊंची आवाज में उसने बात भी नहीं की थी।

"अब्बू अम्मी सही कह रही है हमने फालतू ही इतना बखेड़ा कर दिया था रात को पागलपंती में तलाक तलाक तलाक बोल दिए और गुस्से में मुँह फुलाए बैठ गए थे"

तलाक सुनकर के अब्बू की त्योरियाँ चढ़ गईं।

खड़े होकर आमिर पर चिल्लाए

"और तू मुझे अब बता रहा है"
"इसी लिए तालीम दी थी तुझे कि एक दिन ईमान के साथ मजाक करेगा"

"अब्बू आप ये कैसी बातें कर रहे हैं"

अब्बू ने आमिर का हाँथ पकड़ा और खींचकर मस्जिद के मौलवी के पास ले जाने लगे।

रास्ते में लोग हैरान थे आखिर बात क्या हुई इस तरह खींचते हुए चचा जान कहाँ लिए जा रहे हैं।

माजरा क्या है जानने के लिए दो चार लोग पीछे पीछे चल दिए।

मस्जिद में पहुँच कर आमिर के अब्बू ने ना आव देखा ना ताव दुआ सलाम को किनारे कर सारा माजरा एक साँस में कह सुनाया।

सारी बात सुनकर मौलवी साहब आसमान की तरफ देखते हुए धीरे धीरे ऊँची आवाज में आमिर से बोले।

"क्या ये सच है मेरे बच्चे"

"मौलवी साहब कल रात को यूँ ही लड़कपन में थोड़ा गुस्सा हो गया था"

"मेरे बेटे कभी किसी को ऐसी हरकत मोहब्बत से करते हुए देखा है? सभी गुस्से में ही करते हैं"

तभी आमिर के अब्बू ने कहा "अब इस परेशानी से निजात दिलाने का सोचिए"

"खान साहब आप जानते हैं परेशानी से निजात का उपाय और कोई उपाय नहीं वही उपाय है"

अब्बू ने कहा "वो तो ठीक है पर आपकी उम्र और बीमार हालत को देखकर लगता नहीं कि इस बार आप ही इस समस्या को अपने सर लेंगे"

तभी आमिर बीच में बोल उठा "क्या आपने भी अम्मी को तलाक दिया था अब्बू? और क्या इलाज खोज रहे हैं आप, ऐसा भी कोई बड़ा गुनाह नहीं कर दिए हम। हम खुश हैं सबाना के साथ, हमने मना लिया है उसे"।

मौलवी साहब ने ऊँची आवाज में धीमे धीमे कहा,

"मेरे बच्चे अगर हम अल्लाह की राह से हटते हैं तो हमें दोज़ख की आग से कोई नहीं बचा सकता, और तुम्हारी बीबी अब तुम्हारे लिए हराम हो चुकी है, वो तुम्हारी शरीक ए हयात नहीं रही"।

"मेरी बीबी मेरे लिए हराम कैसे हो सकती है, और क्या मैं अब उसके साथ नहीं रह सकता?"

"क्यूँ नहीं रह सकते हो बस उसको हलाल करना पड़ेगा"

"बीबी है वो हमारी कोई जानवर नहीं जो हलाल करना पड़ेगा"

तभी आमिर के अब्बू ने एक थप्पड़ आमिर को जड़ दिया। आमिर रुआँसा हो गया ये पहली बार था जब उसके अब्बू ने उसे थप्पड़ मारा था।
आमिर को समझ आ गया था कि मामला गंभीर है और चुपचाप बोला।

"कैसे हलाल करेंगे आप उसे?"

मौलवी साहब उसके कंधे पर हाथ रखकर आँखों में आँखें डालकर बोले।

"मेरे बच्चे तुम्हारे तलाक देने पर अब वो तुम्हारी बीबी नहीं रही और उसे फिर से अपनाने के लिए तुम्हें उसका निकाह एक दिन के लिए किसी गैर मर्द के साथ कराना पड़ेगा और फिर वो मर्द उसे

तलाक देगा और तुम फिर से उसे अपनी शरीक ए हयात बना पाओगे"

आमिर कुछ बोल न सका बस मौलवी को तिरस्कार की नजरों से देखते हुए बोला "छि"।

सच तो ये था कि आमिर रात को ही उसे अपना चुका था पर अब्बू के दवाब में उसने कुछ ना कहा।

तभी आमिर के अब्बू ने कहा।

मौलवी साहब "आप बुजुर्ग हो चुके हैं पर फिर भी मुझे ईमान वाले मुसलमानों में आप से ज्यादा भरोसा किसी पर नहीं मैं तो यही चाहूंगा कि ये बोझ भी आप अपने सर ले लें"

आमिर से रहा ना गया "अब्बू हम शबाना से बस इसलिए गुस्सा हो गए थे कि किसी गैर मर्द ने उसे बेइंतहाँ खूबसूरत बोल दिया इसमें तो उसकी कोई गलती नहीं और फिर मौलवी जी को देखिए आधे पाँव इनके कब्र में हैं और मैं शबाना को जब किसी गैर मर्द से देखे जाने पर गुस्सा हो गया तो एक अधमरे मौलवी के साथ उसको जान बूझकर कैसे सुला सकता हूं? छी छी छी।"

"और फिर गुस्सा हमने किया और गलती हमारी है कि हमने उसको गुस्से में आकर तलाक दे दिया तो इसका प्रायश्चित शबाना क्यूँ करेगी हमें करना चाहिए?

आमिर के अब्बू ने हाथ जोड़ते हुए कहा

"देख बेटा मैं जानता हूं तुझे अंग्रेजी मीडियम में पढ़ाकर मैंने भूल की है, पर बेटा अब मेरी इज्जत तेरे हाथ में है अब तक सभी लोग मुझे मेरे पक्के दीन कि वजह से सलाम ठोकते हैं। आज ये लोगों की भीड़ मुझे देख रही है मैं इनको तो क्या खुद को भी मुंह दिखाने लायक नहीं रहूंगा।"

आमिर ने मुड़कर देखा तो सच में वहाँ लोगों की भीड़ जमा हो गई थी, आमिर को पता था कि मौलवी की बात इनके लिए पत्थर की लकीर समान होती है, और अगर वह अपनी बात पे अडा रहा तो हो सकता है ये लोग हिंसक हो जाएँ और उनकी हिंसा ना उसके लिए सही होगी ना उसके अब्बू के लिए।

आमिर ने बीच का रास्ता निकालने का सोचा, और आत्म सम्मान दिखाते हुए बोला।

ठीक है अगर यही एक रास्ता है शबाना को फिर से पवित्र करने का कि उसे पहले गैर मर्द के साथ सुलाया जाए फिर उससे वापस निकाह किया जाए तो मैं तैयार हूँ।

मौलवी के चेहरे से उसके मन ही मन चलता सुभान अल्लाह साफ दिखाई और सुनाई दे रहा था।

तभी मौलवी के रंग में भंग पड़ गया।

आमिर ने धीमे धीमे और तेज आवाज में कहा

"मैं अपनी शबाना को एक अधमरे मौलवी के साथ नहीं सुला सकता और मैं अपने दोस्त से उसका निकाह कराऊँगा जिस पर मुझे भरोसा है"

"और ये काम में परसों जुम्मे के पवित्र दिन करुँगा"

मौलवी के अंदर उफान मारती जवानी की जैसे उसने जड़ ही काट दी। पर मौलवी ने लोगों की भीड़ में खुद को सही साबित करने के लिए एक और पैंतरा चलाया।

"जैसा तुम चाहो मेरे बच्चे, बस मैं तुम्हारे अब्बू से यही गुजारिश करता हूँ कि तुम्हारा और तुम्हारी बीबी का कमरा परसों तक अलग करदे और एक दूसरे से मिलने पर रोक लगा दी जाए"

आमिर के अब्बू ने हामी भरते हुए कहा "ठीक है मौलवी साहब आप निश्चिंत रहें"

"ठीक है फिर हम परसों मिलते हैं खुदा हाफ़िज़।"

"खुदा हाफ़िज़"

****

आमिर जैसे ही घर पहुँचा तो उसके अब्बू उसके लिए अलग कमरे में रहने का इंतेजाम करने लगे।

आमिर की नजर शबाना को ढूँढ रही थी जैसे ही उसे शबाना रसोईघर में दिखी वह पानी का बहाना कर गया और धीरे से शबाना से कहा अपना जरूरी सामान पैक कर के रखना और रात को ठीक साढ़े बारह बजे बुर्का पहनकर बालकनी से पीछे की तरफ खुलने वाले दरवाजे के पास आ जाना।

जब आमिर को उसके अब्बू घसीटकर मौलवी के पास लेकर गए थे तो उसकी अम्मी ने शबाना को सब समझा दिया था कैसे ये मौलवी हलाल करने के नाम पर अय्याशी करता है और कैसे उन्होंने खुद अपनी जवानी में इस दर्द को झेला है।

इसलिए शबाना ने कोई सवाल नहीं उठाया और आमिर की हाँ में हाँ मिला दी।

आमिर के अब्बू ने ऊपर वाले कमरे में आमिर का रहने का इंतेजाम कर दिया और आमिर की अम्मी को सख्त हिदायत दी कि ये दोनों एक साथ ना रहें।

दोपहर का खाना खाकर खान साहब अपनी दुकान पर सिलाई बुनाई करने चले गए।

आमिर की अम्मी सुन्न बैठी रही उसे कुछ समझ नहीं आ रहा था कि ये चल क्या रहा है, अल्लाह ताला का ऐसा कौनसा मार्ग है

जिसपर मौलवी चलवाकर हँसते खेलते घर को बर्बाद किये दे रहा है।

घर में मातम सा छाया रहा आमिर और शबाना ने चुपचाप जरूरत का सामान पैक कर लिया और रात का इंतेज़ार कर रहे थे।

आमिर ने फोन से ही एक होटल में रूम बुक कर लिया था ताकि किराए का मकान जब तक वो ढूंढे उसे और शबाना को कहीं रहने में परेशानी ना आए।

आज रात आने में इतनी देर क्यों कर रही थी पता नहीं आमिर शबाना अम्मी सब अपनी अपनी दुनियाँ में परेशान थे।

आमिर बैठा बैठा शेर ओ शायरी की दुनियाँ में चला गया।

ये कौनसी सुन्नत मेरी तकदीर में लिखी मेरे मौला,
गुनाह मेरा था सजा मेरे महबूब को होगी।

क्यूँ इतना नाजुक बनाया है तूने तेरे और मेरे रिश्ते को,
आँसुओं को तू मेरे किसी और की आँखों के सहारे देखता है।

मेरी शरीक ए हयात खामियाजा भुगते
मेरे गुनाह का ये मंजूर नहीं मुझे।
बुराई मेरे मन में आई थी,
तकलीफ वो पाए मंजूर नहीं मुझे।

शरिक ए हयात मेरी मेरा जो साया बन चुकी है,
तीन बार एक लफ्ज़ कहने से मेरा इश्क हराम हो गया,
ऐसी नफरत भरी दुनियाँ मंजूर नहीं मुझे
हो खिलाफ जहाँ सारा चाहे,
अब एक और गुस्ताखी मंजूर नहीं मुझे।

ए मेरे मौला तेरे और मेरे रिश्ते के बीच तीसरा मंजूर नहीं मुझे।

"ला इलाह इल्लिल्लाह, मोहम्मदुर रसूलल्लाह"।

*****

शाम को जब सब लोग खाना खा रहे थे तब भी एक दूसरे की शक्लें देख रहे थे, अब्बू ही थे जो रोज की तरह स्पीड में निबटाए जा रहे थे।

आमिर की अम्मी समझ चुकी थी कि कुछ अनिष्ट होने को है, पर शबाना ने अम्मी की इतनी खिदमत की थी कि उससे शबाना का ये दर्द देखा ना जाता और वो चुप रही बस अपनी किस्मत को कोसती रही।

जब अब्बू खा पीकर सोने चले गए तो तीनों बैठकर एक दूसरे को ऐसे देख रहे थे जैसे शायद अब फिर कभी दिखें।

देखते देखते साढ़े ग्यारह बज गए अचानक से आमिर को याद आया अगर अम्मी सोएगी नहीं तो वो लोग निकलेंगे कैसे?

अम्मी ने आकर शबाना को छाती से चिपका लिया और फूट-फूट कर रोने लगी, आमिर ने भी अम्मी और शबाना को एक साथ गले से लगा लिया। तीनों ऐसे मिल रहे थे जैसे अब एक दूसरे का रास्ता शायद ही काटेंगे।

अम्मी ने कहा "शबाना को खुश रखना ये मेरी बच्ची जैसी है, और खुद को गुस्से पर काबू लाना जहाँ भी रहना खुश रहना। पढ़े लिखे हो नौकरी है मैं जानती हूं आराम से काट लोगे।"

इतना सुनकर आमिर को एक राहत की साँस आई क्यूंकि वो अम्मी को बिना बताए जाना नहीं चाहता था।

रात गहराई दरवाजे खुले और परिंदे उड़ गए।

अम्मी रात भर वहीं बैठी रही और अपनी जवानी के दिन याद करती रही काश खान साहब में इतनी हिम्मत होती तो उसे सारी जिंदगी इस जिल्लत के साथ ना जीना पड़ता कि को किसी गैर मर्द की हम बिस्तर रही थी।

मोहब्बत और मजहब दोनों जीत गए, मजहब के नाम पर, अल्लाह और उसके बंदे के दिल के रिश्ते के नाम पर तीसरा जो आँख लगाए बैठा था उसका मुँह काला हो गया।

*****

स्मृतियों का समंदर

इस दिवाली मुझे मेरे स्वर्गीय नाना जी का बर्फी के प्रति प्रेम याद आया।

ये स्मृति तो सामान्य सी थी या यूँ कहिए दिवाली की सफाई में मेरे शरीर का CPU शायद उस फोल्डर को डिलीट कर रहा था जहाँ कुछ धुंधली सी पड़ी हुई फाइलें करप्ट हो गई थीं और शायद मैं अपने हाथ रखकर रिफ्रेश न करता तो मुझे इस आत्मीय आनंद का सौभाग्य प्राप्त नहीं होता।

हर व्यक्ति का जीवन एक कुरुक्षेत्र है और वह व्यक्ति उस कुरुक्षेत्र का अर्जुन जिसकी व्यथा नारायण भी नहीं समझ सके और अर्जुन को समझाया कि वीर पुरुष यूँ विषाद में डूबा नहीं करते।

पर हे ऋषिकेश मानव सरंचना में दिमाग और दिल भी तो आप ही की देन हैं ना और अपनों के प्रति अपार मोह भी तो आप बाल्यकाल से ही निशुल्क उपहार में देते हो।

इन्हीं सोच में पड़कर दिवाली की रोशनी में बैठे बैठे में एक गहरे शून्य में खो गया और एक गोताखोर कि भाँति उन बिछड़े, टूटे, गिरे, मरे और वे लोग जिनका मैं ऋणी हूँ और अपनी जिम्मेदारियाँ उनके प्रति नहीं निभा पा रहा उन सबका स्मरण करने के लिए यादों के समंदर में कूद गया।

वहाँ मुझे वो स्टमपर की नीली गेंद भी मिली जो नानी ने मुझे दिलाई थी वो अभी भी ऐसे उछल रही थी जैसे किसी नन्हे बालक को मुस्कुराता देख व्यक्ति खुद को हवा सा हल्का महसूस करने लगता है। मैंने उसको पकड़ने के लिए हाथ बढ़ाया तो मुझे चिढ़ा कर चली गई और मुफ्त की सलाह में कहती गई समय लौटकर नहीं आता मेरे लाडले।

आगे चला तो वो बहुत से पेन जो अपने छोटे मामा के कमरे से चुराए थे वह पड़े मिले वे स्याही के खून में नहा रहे थे और आँखों में पानी लिए मेरी तरफ दया की दृष्टि से देख रहे थे मानो कह रहे हैं कि एक बार फिर से अपने हाथों में थामकर एक बार उस छोटे से ज्योमेट्री बॉक्स को सजाओ ना जिसे तुम जंक लगा छोड़ कर चले गए हो।

मैंने उन पेनो को नज़र भर देखा और उनको बताया कि अब कम्प्यूटर का जमाना है मुझे तुम्हारी जरूरत तो नहीं पर फिर भी मेरी स्मृतियों में काफी जगह खाली हो गई है तुम भी किसी कोने में चुपचाप पड़े रहना।

यादें बहुत थीं और रात छोटी इसलिए में जल्दी से आगे बढ़ा तो मेरे स्वर्गीय मौसा जी की वो छोटी सी काले रंग की कार जिसकी खिड़की ऑटोमैटिक खुलती थी जो मुझे उन्होंने साँवले के घर बिहारी जी के मंदिर की यात्रा के समय दिलवाई थी वहीं रेंगती हुई मिली मैं अचंभित था कि इसकी बैटरी खर्च नहीं हुई तो उसने मेरा मजाक उड़ाते हुए कहा मैं अब सिर्फ यादों में चलती हूँ मेरे तो शरीर के टुकड़े भी कहीं वास्तविकता में नहीं हैं।

मेरे पास उसकी व्यथा सुनने की शक्ति नहीं थी और मैं वहाँ से पीठ दिखाकर भाग खड़ा हुआ।

बड़े मामा की वो लाल स्पलेंडर जिसपे बैठकर कभी उनके साथ स्कूल गया वो भी वहीं टहल रही थी पर शायद वो अपने टूटे हुए शरीर के चीथड़े लेकर अपने अंतिम समय के द्वार तक जा रही थी।

बचपन में स्कूल में सभी को अंताक्षरी में हराने के लिए अपने पिताजी को रात रात भर जगाकर एक नोट बुक में जो गाने लिखे थे वो डायरी का एक एक पन्ना अभी भी हवाओं में घूम घूम कर तराने गुन गुना कर मेरी यादों को आवाज दे रहा था।

कमाल की बात ये थी मुझे कुछ भी ऐसा याद नहीं आ रहा था जिससे मुझे कष्ट हुए थे ये सिर्फ मीठी यादों का उपहार शायद स्वयं नारायणी लक्ष्मी दे रहीं थीं मेरा वैराग्य भंग करने को।

सर्दियों की वो धूप में आँगन में जो खाट पड़ी थी वहाँ उस कुत्ते की आत्मा बैठी थी जो सिर्फ मुझे देखकर भौंकता था और मेरी दोनों छोटी मौसियाँ मेरे कुत्ते से डरने पर बड़ा हँसती थीं वहाँ कुछ संतरे की गोलियाँ जो मौसी मुझे दिलाके लाई थी वहीं पड़ी थीं और चींटियों ने उनमें छेद कर दिए थे।

और आगे बढ़ा तो छोटे नाना नानी के आँगन में वो बल्ला और गेंद उदास बैठे थे जिनसे कभी मैं और मामा लड़कों के साथ खेले थे।

वहाँ ऐसे बहुत सारे लोगों की स्मृतियां थीं जिनके नाम मेरी स्मृतियों से मिट चुके हैं शायद पिछली दिवाली को इन यादों को छुआ नहीं और ये मिट गईं।

मैने मिटी हुई यादों को किनारे कर दिया और थोड़ा आगे बढ़ा तो बुआ के आँगन में गढ़े दो लकड़ी के खंभों के ऊपर पड़ी मिट्टी की छत के घरौंदे में बैठी गलगलिया चहचहाने लगी

गलगलिया मेरी और छोटी बहन के झगड़े की वजह से परेशान थी और कह रही थी इस घर के लोग मेरी जिंदगी में शांति नहीं आने देते तभी मेरा बहन से एक और युद्ध हुआ क्योंकि मैने रोटी की ऊपर की पपड़ी लेकर नीचे की मोटी रोटी उसकी थाली में रख दी और वो रोने लगी तो हमेशा की तरह फूफा बहन की तरफ हो गए और बुआ ने मुझे गोद में भर लिया गालगलिया टेंशन में आके उड़ गई।

उड़ती हुई गलगालिया के पीछे पीछे मैं अपने गाँव चला गया वहाँ यादें इतनी झुंड में थीं कि उनका शोर सुनके मेरे सर में दर्द होने लगा वो खेत, गलियाँ और वो चबूतरे जहाँ खेल दिखाने वाला आता था अब वहाँ सिर्फ सूखी पत्तियों का कूड़ा पड़ा था।

वो खुला हुआ बड़े आँगन का घर मेरे स्पर्श के लिए रो रहा था वो भैंस भी जिसके माथे पे हाथ फेर कर चारा डालता था मुझे देखते ही पानी माँगने लगी मानो जब से मैं गया हूँ वो निशब्द जीव प्यासा ही खड़ा हो।

बहुत से चाचा, ताऊ, बाबा और चचेरे मचेरे भाई बहन मेरे मुँह पे लानत दे रहे थे कि मैं उन्हें याद भी नहीं करता।

मेरी हालत नाजुक हो गई थी 9 वर्ष की इतनी यादें एक साथ आईं तो मैं सामना नहीं कर पाया और खुद को नारायणी की शरण कर दिया।

नारायणी ने मुझ पर दया की और उन यादों की पिक्चर को बीच में ही बंद कर दिया।

बूआ फूफा, नाना नानी, मौसा मौसी, मामा मामी, भाई बहन पापा और वे सभी लोग जो मेरे जीवन के सफ़र में चले और चल रहे हैं उन सभी के लिए में नारायणी से शांति की प्रार्थना करता हूँ और ये कामना करता हूँ कि आप हमेशा खुशियों में इतना व्यस्त हो जाओ कि मेरी याद आपको कभी न आए।

मैं अपनी जिम्मेदारी आपके प्रति नहीं निभा पा रहा उसके लिए मुझे माफ कर दीजिएगा, वक्त मुझे जिस डंडे से खदेड़ रहा है वो मुझे पीछे मुड़ने कि अनुमति नहीं दे रहा और नहीं रुक कर आराम करने दे रहा है।

आपसे बस यही आशा है कि आप सब बेमतलब कि फिजूल की आपसी नोकझोंक छोड़कर आपस में प्रेम से रहिए वरना किसी दिन आपकी यादों की गेंद भी आपके हाथ नहीं आयेगी और आप की यादें आपको इसकी सजा देंगी उस वक्त आपके हाँथ में उन यादों को मिटाने के लिए कुछ नहीं होगा आपको उसी कड़वे जहर के साथ रहना पड़ेगा।

बाय दादा

यूँ तो हर व्यक्ति सुविधा अनुसार रेल गाड़ी का टाइम टेबल और अपने आने जाने का समय निश्चित करके घर से निकलता है, परन्तु भारत में एक वर्ग ऐसा भी है जो आवश्यकता के अनुसार कभी भी स्टेशन पर पहुँच कर स्टेशन पे ही यह पता करता है कि कौनसी गाड़ी कहां जाएगी और जो गाड़ी उस स्थान को जा रही है जहाँ उसे जाना है लपक कर उसकी जनरल बोगी में बैठ जाता है।

इस वर्ग के लिए ट्रेन का टिकट लेना उतना ही जरूरी है जितना उत्तर प्रदेश में बारहवीं करने के बाद स्नातक करना, होता कुछ नहीं पर फिर भी कर लेते हैं ताकि विवाह कार्य संपन्न हो जाए।

यूँ तो जनरल बोगी को लोग दूर से देखकर भी पसीने छोड़ने लगते हैं पर कुछ लोगों के लिए ये वरदान का काम करती है, चूंकि टिकट कलेक्टर में इतनी जान नहीं होती कि वो इस डब्बे की भीड़ को चीरकर अंदर घुस जाए इसलिए टिकट न खरीद पाने वाले लोगों को इससे बहुत राहत मिलती है।

दफ्तर से रक्षा बन्धन की छुट्टियों में मैं अपने गाँव गया था चूंकि ये निश्चय जल्दबाजी में हुआ था इसलिए मैंने बस से जाना उचित समझा, बस से लंबा सफ़र करने का मेरा कोई अनुभव नहीं था और इस सफ़र में मुझे पूरे सफ़र में उल्टियाँ करते करते ये पता चल गया था कि ये मेरे लिए हानिकारक है इसी लिए मैंने वापस आते वक़्त रेल से आने का मन बना लिया था।

मेरा गाँव आगरा शहर में है, आगरा में आपको पूरा हिंदुस्तान दिखेगा तहजीब, तमीज और बदतमीज लोगों के लिए भी यहाँ उचित स्थान नियुक्त किए गए हैं ये किसी से छिपा नहीं है, यहाँ आपको बड़े बड़े धनवान भी दिखेंगे और प्रार्थनाओं का भंडार आपकी झोली में डाल देने वाले भिखारी भी।

रक्षा बंधन अच्छा बीता और जब छुट्टियाँ खतम हुईं तो वापस आते वक्त रेल का विकल्प ही चुना पर रिजर्वेशन ना होने की वजह से मैं जनरल डब्बे का टिकट लेकर लड़ता झगड़ता चढ़ गया किसी तरह, हुह क्या संघर्ष था डब्बे में चढ़ने में ।

मैं आगरा से वापस कहाँ आ रहा था ये तो बताना भूल ही गया, हाँ तो मैं आ रहा था दिल्ली के निजामुद्दीन स्टेशन तक, मैं दिल्ली में ही एक संस्था में नौकर हूँ।

रेल के सफ़र में फरीदाबाद स्टेशन तक आते आते भीड लगभग खत्म सी हो गई थी और बैठने के लिए सीट भी मिल गई यहाँ तक आने में मेरे पाँव एक ही पोज में खड़े खड़े सो गए थे पता नहीं ये शरीर के अंग इतने बेफिक्र कैसे होते हैं यदि व्यक्ति का मस्तिष्क भी इसी भांति होता तो शायद हर आदमी यूँ परेशान न होता।

मेरी आगे वाली सीट पर एक महिला बैठी थी अपने दो छोटे छोटे मुन्ना और मुन्नी को लिए उस महिला को देख देख कर मेरा दिल मसोस उठता था, जिस देश में महिलाएं एक गाँव से दूसरे गांव जाते समय सज धज के जाती हैं, लिपस्टिक, बिंदी, साफ सुथरी साड़ी और न जाने क्या क्या साज सज्जा का सामान पर ये महिला जो रेल का सफ़र कर रही थी एक राज्य से दूसरे राज्य का,

इसके पास तो न कोई साज सज्जा का सामान था और हालत भी बड़ी दयनीय थी।

एक धोती के चिथडों में लिपटी ये महिला शरीर से रोगिनी और हालत से भिखारिन से भी गई गुजरी लग रही थी।

जब गाड़ी फरीदाबाद स्टेशन पर रुकी तो फेरी वाले आवाज लगाने लगे चाय चाय समोसा समोसा और कुछ ताली बजाने वाले भी परेशान करने लगे।

जैसे ही कोई फेरी वाला आता इस महिला के मुन्ना और मुन्नी बिगड़ने लग जाते और वो चुप चाप रुआँसा सा मुँह लिए बैठी रहती मानो कह रही हो कि मेरे पास अपने शरीर के टुकड़ों के अलावा अगर कुछ होता तो मेरे लाडलों मैं तुम्हे सब दिला देती, पर छोटे बच्चे ख़ामोशी नहीं समझते उनको मां और बाबा के सामर्थ्य पर कभी संदेह नहीं होता उनके लिए तो माँ - बाबा धन कुबेर हैं।

इन माँ और बच्चों की बातें सुनकर मुझे इतना अंदाजा हो गया था कि या तो ये बंगाली हैं या बंगाली जैसी भाषा बोलने वाले ओड़िया या आसामी हैं।

जब शोर मचाते मुन्ना मुन्नी कुछ पाने के लिए रोने लगे तब उस दुखियारी से न रुका गया, एक थप्पड़ जमाया मुन्नी को और एक मुन्ने को उसके बाद खुद ही रोने लगी, ये देख मेरा कलेजा ठंडा पड़ गया और इस दृश्य को देख मेरी आँखें भर आईं।

अबकी बार जब फेरी वाला आया तो उसके पास चटपटे चने और फ्रूटी थी, मैंने अपनी जेब से कुछ पैसे निकाल कर चार चने के प्लेट और चार फ्रूटी लीं और एक एक माँ और बच्चों को दे दीं उनके मुँह से एक बार भी ना न निकली, सच तो ये भी है जब भगवान आपको हर तरफ से निराश करदे तो आपका आत्म सम्मान हल्का पड़ जाता है।

बच्चे और माँ चनों को ऐसे खा रहे थे मानो कई रोज के भूखे थे, खाते खाते बच्चों के मासूम चेहरे खुश न होकर चिंतित थे मानो कोई उनसे इस थोड़े से खाने को भी छीन न ले, ये देख मैंने अपने थैले से पूडी सब्जी और खोए के लड्डु जो हर घर से इस तरह रखी जाती हैं जैसे बेटा नौकरी पर नहीं जंग पर जा रहा हो पता नहीं खाने को मिलेंगी या नहीं उसमें से कुछ निकालकर उनके सामने रख दिए और उनके उदास चेहरों पर एक अनजान सी राहत देख कर मेरे दिल को जो सुकून मिला वो आज भी दिल के बड़े से कोने में सबसे अच्छा पल बना बैठा है।

मेरा स्टेशन आ पहुँचा पर इन लोगों को कहीं और जाना था जब मैं रेल से उतरने लगा तो मुन्ना और मुन्नी एक आवाज में बोले "बाय दादा" और उनकी माँ हाथ उठाकर ऐसे आशीर्वाद दे रही थी जैसे कोई माँ अपने बच्चे को अंतिम बार देख रही हो। यदि मैं भगवान होता तो इस पल को वहीं रोक देता और उस आत्म शांति के अनुभव को हमेशा हमेशा के लिए जीता। हमारे गाँव में एक रिवाज है कभी भी विदा लेते वक्त बच्चों को कुछ देकर जाते हैं इसी लिए मैंने 100-100 के दो नोट दोनों गुड्डे और गुडिया को दे दिए।

वो पल आज भी मेरे जहन में जिंदा है, मानो कोई मेरा अपना मुझसे बिछड़ गया उस दिन जब भी वो पल याद आते हैं बस आँसू निकल आते हैं और एक दुआ निकलती है, हे भगवान उस परिवार के दिन अच्छे कर देना।

*****

क़ुबूल था

पार्क में एक कोने में अदिति अकेली बैठी हुई है जैसे किसी का इंतजार कर रही हो। अदिती एक मॉडर्न लड़की है "माह लाईफ माह रुल्स" बड़ी अकड़ से बोलती है, आजादी का सबसे ज्यादा फायदा किसी ने उठाया है तो वो अदिति ने ही उठाया है, कितने कपड़े पहनने हैं कितनी रात तक दारु पीनी है सब कुछ अदिति अपने मन से करती है।

अदिति के पापा भी एक दम मॉडर्न हैं, उसे कभी भी नहीं रोकते इकलौती है तो राजकुमारी की तरह रहती है। आज अदिति ख़ुश है पर उसके गाल गुस्से से फूले हुए हैं आज उसने गूची की ब्लैक ड्रेस पहनी है एक दम जोली एलएलबी की हुमा कुरैशी की तरह क्यूंकि आज शाहिद उसे अपने अम्मी अब्बू से मिलवाने लेके जा रहा है उनकी शादी की बात करने, पर अभी तक आया क्यूँ नहीं अदिति इसी बात से गुस्से में है।

"ऑफो व्हेयर इस दिस स्टुपिड 4 बजे आने को बोला था अब तक नहीं आया 5 बजने वाले हैं, तभी पीछे से शाहिद उसकी आँखों पर हाँथ रख लेता है और अदिति उसके छूने से ही समझ जाती है क्यूंकि उसकी छुअन की उसको आदत है और तपाक से बोलती है "ये नाटक रहने ही दो तो अच्छा है कोई एहसान कर रहे हो क्या मुझपर एक घंटे से बैठी हूँ यहाँ पर" शाहिद मासूम सी शक्ल बनाकर कहता है अरे बाबा सॉरी लो कान पकड़ लिए अब ठीक है?

अदिति: "नहीं बिल्कुल ठीक नहीं पहले ये बताओ आज ये कुर्ता पजामा टोपी और एक दम रईस फिल्म के शाहरुख खान क्यूँ लग रहे हो?"

शाहिद: "अरे आज जुम्मा था न तो नमाज पढ़ने गया था और तुमने ये कैसी ड्रेस पहनी है अम्मी अब्बू से मिलने के लिए?"

अदिति: "कैसी ड्रेस पहनी है मतलब?"

शाहिद: "मतलब यही शादी से पहले तो कम से कम अच्छी बनी रहो?"

अदिति: "अच्छी बनी रहो मतलब?"

शाहिद: "खैर वो सब छोड़ो और सुनो हमारे निकाह के लिए तुम्हें मुस्लिम बनना पड़ेगा अदिति की जगह कोई सुन्दर सा नाम सोचो।"

अदिति: क्या मतलब तुम्हारा आज तुम अचानक से ये कैसी बातें कर रहे हो अब तक तो तुम बड़े मॉडर्न थे "धर्म प्यार के बीच दूरियाँ बढ़ाने को बनाए गए हैं, मैं हम दोनों के बीच दूरियाँ नहीं चाहता इसलिए हम धर्म पर कोई बात नहीं करेंगे, फिर आज क्या हुआ?

"अरे तुम इतना ओवर रिएक्ट क्यूँ कर रही हो" "मैं ओवर रिएक्ट कर रही हूँ "हाँ और क्या कुछ दिन की ही तो बात है निकाह होने के बाद अपनी मर्जी से रहना।"

अदिति: "और मेरा नाम?"

शाहिद: "कोई प्यार सा नाम ढूंढेंगे मेरे चाँद के लिए एक दम चाँद जैसा।"

अदिति: "मेरे पापा ने हर मंदिर जाकर किसी बच्चे के पैदा होने की प्रार्थना की थी और इसीलिए उन्होंने मेरे नाम अदिति "देवों की माँ" रखा है मेरे पापा ने जिस नाम से मुझे बुलाया है उस नाम को कभी नहीं भूल सकती, और आज तुम मेरे कपड़ों की बात कर रहे हो कल को मुझे हमेशा के लिए बुर्के में काली भैंस जैसा बना दिया तो?"

शाहिद: "इसका मतलब तुम्हें मुझ पर भरोसा ही नहीं? और फिर कुछ ही दिन की तो बात है।"

अदिति: "तो क्या कुछ दिनों बाद मुझे वापस हिन्दू बनना पडेगा और क्या फिर तुम्हारे अम्मी अब्बू मान जाएँगे और क्या तुम्हारा खुदा नाराज नहीं होगा इस कुछ दिन के ढोंग से और जो लड़का कल तक धर्म की बात नहीं करता था आज एक दम पक्का मुस्लिम बना हुआ है वो कल भी ऐसा ही रहेगा?"

शाहिद: "अदिति मैं तुम्हारे भले के लिए कह रहा हूँ क्यूँ दोजख की आग में जलना चाहती हो? अल्लाह की रहमत में आओ अल्लाह ही सबसे बड़ा है।"

अदिति: "क्या गांधी जी, नेहरू जी, भगत सिंह और हजारों लोग जो मुस्लिम नहीं बने सब दोजख में जलेंगे?"

शाहिद गुम सुम सा हो गया, आखिर इंसानियत को सबसे ऊपर रखने वाले जिंदादिल लोग क्यों दोजख में जलेंगे और वो तो मुस्लिम भी नहीं बने। क्या इंसान बने रहना काफी नहीं?

अदिति रोते हुए: शाहिद मेरे लिए मेरे पापा ही हर भगवान से बड़े हैं उन्होंने आजतक मेरे कपड़ों पर सवाल नहीं उठाया आजतक मुझे कभी पूजा करने को नहीं कहा और न मैंने कभी पूजा की और न मुझे ये सब आता है और तुम भी तो हमेशा कहते थे प्यार सबसे बड़ा है आज मजहब सबसे बड़ा हो गया, गलती तुम्हारी नहीं मेरी थी जो इस प्यार के चुटियापे में आ गई, मुझे ही लैला मजनू का कीड़ा काटा था जो हमेशा अपनी माँ को ओल्ड फेशन कहती रही हमेशा उसका दिल दुखाया।

शाहिद: "कैसी पागलों जैसी बातें कर रही हो, इन कपड़ों में तो तुम्हें अम्मी अब्बू के पास नहीं ले जा सकता।"

अदिति: "मुझे जाना भी नहीं जब अब तक अदिति हिन्दू भी नहीं बनी आज वो मुसलमान क्यों बनेगी? मैं इंसान ही ठीक हूँ।"

शाहिद: "तो क्या तुम्हें क़ुबूल नहीं?"

अदिति: "क़ुबूल था अब नहीं।"

अदिति रोते हुए अपने घर आ गई और अपने पापा को जोर से गले लगाकर खूब रोई पर आज उसने अपनी माँ को भी गले

लगाया और पहली बार पुछा माँ आज मुझे आरती करना सिखाएँ।

माँ को ना तो ये समझ आया कि ये बार्बी डॉल आज भक्त कैसे बन गई और ना पापा को ये समझ आया कि मेरी टॉम ब्वॉय आज मम्मी के पल्लू से कैसे चिपटी हुई है।

माँ खुश थी कि आज पहली बार उसको अपनी बेटी अपनी बेटी जैसी लगी, तो पापा सदमे मैं थे कि बेटी को हुआ क्या।

माँ बाप बेटी आज पहली बार एक साथ गले मिले थे।

*****

खण्ड –2

कविताएं

कर्मरथी भीष्म

यदि प्रयास की अति हो जाए तो नारायण को भी मौन तोड़ना पड़ता है। भाग्य में जो लिखा हो लिखा रह जाता है और भाग्य की फसल को रौंदता हुआ कर्मों के रथ पर सवार कर्म रथी अपनी मर्जी का चुनकर ले जाता है।

अर्जुन ने जब नारायण माँगे, दुर्योधन भी बैठा था सिराहने,
कृष्ण ने खुद को अर्जुन को दे दिया शस्त्र मौन रखूँगा ये वचन दे दिया।
दुर्योधन सुन बड़ा हर्षया लपक कर नारायणी सेना पर ललचाया।
लगा अभिनय करने नारायण के समक्ष,
मैं अनुज की बात सहर्ष स्वीकारता हूँ और नारायणी लेकर ही धैर्य धारता हूँ।

दुर्योधन हँसता खेलता शुभ समाचार सुनाने आया,
भरी सभा में दंभ से बोला,
अर्जुन के साथ होंगे निहत्ते कृष्णा,
और मेरी अजेय नारायणी सेना।

एक वृद्ध को ये समाचार न भाया,
और भरी सभा में जोर से चिल्लाया,
मैं इतिहास अपने तीरों से लिखूँगा,
कुरुक्षेत्र में हो कोई शक्ति तो रोकले मुझे,
मैं खुद को सर्व शक्तिमान लिखूँगा।

वीरों से युद्ध बहुत कर लिए अब वीरों का घमंड तोड़ दूँगा,
मैं भीष्म ये प्रतिज्ञा करता हूँ, कुरुक्षेत्र में स्वयं नारायण का मौन
तोड़ दूँगा।

हर व्यक्ति हँसने लगा, तीखे कटाक्ष करने लगा,
दाढ़ी सफेद हो गई, पीठ झुक गई इस वृद्ध की,
ये वृद्ध प्रतिज्ञा तोड़ेगा स्वयं नारायण की,
क्या समय है कि वृक्ष अब था लेगा अरण्य की

कुरुक्षेत्र में दृश्य कुछ बदला सा दिखा जब रौद्र रुप में वृद्ध दिखा,
हर क्षण रुक गया जब भीष्म हाहाकार करने लगा।

वीर भागते सामने आए नारायण नारायण करते नजर आए,
धरती चीख से थर्रा उठी और देवता घबराते नजर आए,
दृश्य दृश्य सा दृश्य था छन भर में शीश धड़ों से अदृश्य था।
कुरुक्षेत्र में रक्त सींचता धरती को और इतिहास खींचता गंगा पुत्र
था।

ये विनाश देख ऋषिकेश विचलित हो गए,
मरते चीखते योद्धाओं के लिए चिंतित हो गए।

पार्थ से बोले चीख कर तू लड़ेगा या मैं शस्त्र धारण करूँ,
यमराज रुप जो धारण किए है इस ढीट का निवारण करूँ।
अर्जुन कुछ सोच न सका पितामह के सामने बौना सा लगा।

क्षण भर में इतिहास चीखते नजर आए,
देवता भी आँख मीचते नजर आए,

प्राण जाए पर वचन न जाए कहने वाले वचन तोड़कर जब सुदर्शन धारण किए नजर आए।

ब्रह्माण्ड वीहल हो उठा, सौर मंडल चीत्कार कर उठा,
जय भीष्म, जय भीष्म, इतिहास भी पुकार कर उठा।
दृश्य देख सृष्टी कोलाहल करने लगी सृष्टि रचयिता को छोड़ भीष्म को नमन करने लगी।
कर्म रथी विजय हुआ और जय जय कार होने लगी।

एक लेखक

ताल, मृदंग - लय, धुन और लहराते सुरों के बीच,
मैं कोई अनछुई सी जाती आवाज सुनता हूँ।

गहराता आसमान या खिलखिलाती धूप,
थिरकती अप्सरा या कोई जीव कुरूप।
भोले मानस या गिरगिट से बदलते रूप,
मैं समय के साथ बदलती सोच देखता हूँ।

शहरी हवाओं में भरा जहर,अमृत सी लगती गाँव की नहर,
रईस के कोमल हाथ और मजदूर के फटे पांव।
गले मिलने का सहूर और दिल ना मिलने का दर्द,
मैं इन हरकतों के पीछे छिपे राज देखता हूँ।

हर बात पर मेरी राय कुछ अलग होती है,
हर पहलू पर मेरी नजर कुछ और कहती है।

क्योंकि कि मैं सुनता, देखता और बोलता हूँ तब,
जब मेरे कलम की स्याही पन्ने के सहारे चलती है।

लेखक 2

बसंती हवा सा मिजाज मेरा,
मैं हर पहलू को अचक से छूता हूँ। ।

अंधेरे से यारी गहरी है मेरी,
जलते दिए सा दिखता हूँ।

जब हवाएं ठंडी हों,
तब शीतल कहानी लिखता हूँ।

जब बूंदें टपक कर धरती को स्पर्श करती हैं।
तुम मौसम को महसूस करते हो,
मैं मौसम की मासूमियत लिखता हूँ।
हर मौसमी पहलू पर नजर रखता हूँ।

बर्बाद कर देते हो रो कर सारी व्यथाओं को व्यर्थ में,
मैं आँसुओं को भी लिखकर पीड़ा का व्यापार कर देता हूँ। ।

नियति से खेल जा

हाँ हर समस्या का हल होगा,
आज नहीं तो कल होगा।

पीड़ा यदि मिलती है तो आदत डाल ले,
नियति का फंदा नियति के गले में डाल दे।

आदत जो लग जाए, फूल लगती है कृपाण भी,
असर नहीं करते भीष्म को फिर शरीर में चुभे बाण भी।

कोरोना में शहर

तमाम इशारों में गाँव ने समझाया था,
शहर में तरक्की तेरी नहीं तेरी जेब की होगी।
यहाँ बात तुझसे नहीं तेरी हैसियत से होगी।।

साँस महंगी और जहर सस्ता है,
चौक का पीपल यूं ही तो नहीं अब हम पर हँसता है।।

हदें गाँव की तोड़कर हमने माथे पर काल कोठरी लिखली,
तमाम बीमारियों को समेट लेता था दुलार आँगन का,
शहर की दीवारें तो गाँव से भी बहुत छोटी निकलीं।।

कोरोना में शहर 2

नींद खिल खिला उठी,
ओस की बूंद ने जैसे मेरे होंठ छू लिए।

कोयल की कूक तो नहीं आती,
पर कोई चिड़िया जरूर चहचहाती है।

शहर की हवाएँ अब जोगिन हो गई हैं गाँव की।
सुर सुराती हवाएँ बताती हैं कल शाम की।

शोर कम है, प्रदूषण भी कम दिखता है,
बिगड़ तो नहीं गया शहर गाँव की सोहबत में आ कर?

सिल बट्टे पे कोई नई नवेली चटनी बटती दिखती थी
सर पे रख रोटी की पोटली चलती भीड़, जब सूरज की किरणे
छँटती थीं।

सरसों की पीली चादर धरती को ढक कर रखती है,
उछलते कूदते मिल जाएँगे छोटे बच्चे नंगे और कलूटे,
गाँव में एक नहर भी चलती है।

तेरे शहर को अभी बहुत समय लगेगा गाँव होने में।

सुबह सुबह मटके में रई से घी चलाती अम्मा बता रही थी,
गाँव में कुछ नहीं धरा शहर में नौकरी तो है।

बिटिया भाग रही हो?

तुम्हारे हल्के से आँसुओं पर वो घर सर पे उठा लेते थे,
तुम उन्हें खून के आँसू रुलाके जा सकती हो?
हाँ, तो जाओ।

तुम्हारी माँ को कभी रिश्ते नातों आस पड़ोस में किसी अनुष्ठान में बुलाकर उसे चिढ़ा कर उल्टा सीधा कह कर के दुखी किया गया था, उसका सपना है वो सारी कसर तुम्हारे विवाह में सबको बुलाकर पूरी करेगी।

तुम्हारी माँ तुम्हारी पढ़ाई, तुम्हारे फैशन, तुम्हारे शौक पूरे करने की वजह से गहने नहीं पहन पाई,

वो सारी कसर तुम्हारे विवाह में पूरी करना चाहती है।

वो तुम्हारे पाँव पूजते समय तुम्हारी झोली बचाए हुए पैसों से खरीदे जेवरों से भर देना चाहती है।

उस दुखिआरी को और दुख देकर, उसके माथे को हमेशा के लिए शर्म से झुकाकर उसका अपने हाँथों से गला दबाकर जा सकती हो?
हा़ँ, तो जाओ।

ये जो हर साल पढ़ाई का खर्चा, नए नए शौक हर फैशन की चीज अंग्रेजी की पढ़ाई पर पड़ोसी क्या बोलते हैं पता है? फलाना जी तो पगला गए हैं बिटिया को कलेक्टरनी बनाने चले हैं, अरे बिटिया घर में ही रहे तो अच्छा है।

उस पर तुम्हारे पापा क्या कहते हैं पता है अपनी बिटिया को अनपढ़ रखकर किसी गधे के साथ थोड़े बांधना है उसको किसी पढ़े लिखे घर में एक दम शान से भेजेंगे जहाँ उसकी भी कोई बात पूछेगा, तुम्हारे पापा पूरे गाँव कस्बे में तुम्हारी शादी के दिन सबके दाँत खट्टे करना चाहते हैं।

इतनी बड़ी सोच रखने की कीमत जानती हो उनके सर पर रोज कर्ज की कील चुभी है पर तुम्हें नहीं बताते कभी।

क्या उस बाप को पूरे समाज में शर्म के जूते पड़वा सकती हो, क्या उसके सपनों को, क्या उसकी इच्छाओं को, उसकी मूँछों का सबका मुंडन करवा सकती हो क्या जो मुसीबतों में डूबा है पर तुम्हें ऊपर उठाए रखता है क्या दो चार दिन के प्यार के लिए उसको अपने हाथों से जहर दे सकती हो?
हाँ, तो जाओ।
तुम्हारे छोटे भाई बहन इनकी तो तुम्हें बहुत चिंता है न जान हैं न ये तुम्हारी कल को इन्हें लोग रास्ते में चलते समय चिढ़ाएँगे इनका हँसता खेलता बचपन उज्जवल भविष्य सब बर्बाद हो जाएगा फलाना जी के बच्चों के साथ मत खेलना कहीं हमारे बच्चे भी ऐसे न हो जाएँ ये बेचारे अकेले पड़ जाएँगे क्या इनकी जान बूझकर हत्या कर सकती हो?
हाँ, तो जाओ।

कश्मीरी पंडित की आत्मा का दर्द

जीवन गुजारा मैंने पाई पाई जोड़ने में,
भूल बैठा था खुद को सबसे तेज दौड़ने में।
कभी दिन गुजारा करता था मेवा मिष्ठानों से पेट भर,
सर्द रातें भी सुहाती थीं मखमली गद्दों को ओढ़कर,
कभी सोचा ही नहीं था भागना पड़ेगा ये सब छोड़कर।

जिस लाडली को कंधे पे उठाकर घूमा था,
हर दिन हर इच्छा को उसकी वरदान मान कर चूमा था।
आधुनिक युग में फैशन की डिमांड है, वो भी बने सशक्त यही
उसके लिए चुना था।
झाँसी की लक्ष्मी, किट्टुर की चिनम्मा ग्वालियर की झलकारी,
इनका तो उसे कभी नाम भी नहीं सुनाता था।

मुझसे ये धरती न फाड़ी गई जब मेरी आँखों के सामने ही
बिटिया मेरी उठा ली गई,
जो कभी दूध पीने पर मुँह बनाती थी
मेरे रक्त में डुबोकर रोटी जानवरों की तरह उसके सामने डाली गई।

आज देखा अपने ही घर में झाँककर,
जहाँ कभी नींबू लटकता था बुरी नजर से बचने को,
वहाँ आज बकरे टाँग रखे हैं आधे अधूरे काट कर।
वो नीच जानवर जो कभी देहरी पर बैठते थे मुझसे बख्शीश लेने
को,
आज घर के अंदर रहते हैं उसे अपना मान कर।

मेरे सर पे न ये पाप का बोझ होता,
यदि मुझे थोड़ा सा अपनी संस्कृति का बोध होता।
केवल पूजता रहा भगवान को,
वहीं समूल मिटा देता पूरी धरती को नचा देता,
यदि समय रहते बूझ गया होता परुशुराम पुजते हैं फरशे के जोर पर,
मैं मूर्ख बस बैठा रहा हाथ जोड़कर।

समय जब मिलन का हो

हे कृष्ण समय जब मिलन का हो,
तुम मुझसे कुछ यूँ मिलना।
यदि जीवन में उतार रहे हो मुझे अर्जुन की भाँति,
तो मेरी चेतना के घोड़ों को सदैव अपनी ही दिशा में रखना।
कल था, आज है, कल होगा या नहीं पता नहीं,
मैं क्या माँगूँ तुमसे मोहन ऐसा भी कुछ है जो तुमको पता नहीं।

सोचते हैं मैं हर किसी से रिश्ता क्यूँ बनाता हूँ,
उनका मेरा रिश्ता क्या है आज उन्हें समझाता हूँ।
कृष्ण जब सजीव, निर्जीव या अजीब हर जगह विद्यमान है,
तो, तू, तुम आप, मैं, और श्री सुश्री क्या सब एक समान हैं।

अब समय जो मिलन का हो तो मुझे एक समान ही रखना,
इस बार जो तुमसे मिल पाऊं, इस धरती के जाल से निकल पाऊँ,
कृष्ण समय जब मिलन का हो तुम मुझसे कुछ यूँ मिलना,
दर्शन तेरा प्रत्यक्ष होता रहे और बातों को तू मेरी ध्यान से सुनना,
कृष्ण समय जब मिलन का हो तुम मुझसे कुछ यूँ मिलना।

मैं जो भी करुँ, जैसा भी करुँ पर जब मरुँ,
तुम गोद में लेने आओ मुझको कुछ ऐसा मैं कर्म करुँ।

आदर हो या निरादर हो चाहे तन पे मेरे चादर हो
पर जब तुम से मिलूँ अश्रुओं से चरण धो दूँ तुम्हारे जैसे आंखों से
बहता सागर हो।

कृष्ण जब तुम से मिलूँ तुम मुझसे कुछ यूँ मिलना,
जैसे माता पिता पुत्र से, जैसे भाई बहन से जैसे भाई भाई से
जैसे बंधु बंधु से जैसी नदी सिंधु से जैसे हवा हवा से जैसे दवा
पीड़ा से।

कृष्ण जब तुम से मिलूँ तुम मुझसे कुछ यूँ मिलना,
कृष्ण जब तुमसे मिलूँ तुम मुझसे कुछ यूँ मिलना।

लव एट फर्स्ट साईट मेरी नजर से

साँस रुकी थी मेरी तेरे हुस्न पे फ़िदा होकर,
वो तजुर्बा मेरे जीवन का ऐसा पहला था।
कोई शक नहीं इस बात पे ठाकुर,
ये हुस्न, हुस्न सा हुस्न नहीं ये तो कोई जलजला था।

रेत कर रख दी मेरे संस्कारों की इब्तिदा जो थी,
पल भर ना टिकी जमीर की तराश जो ताउम्र मैंने की।
खैर क्या वाजिब था मेरा यूँ ढह जाना,
हुस्न ए तवाजह को इश्क कह जाना।

दूर की बात लगती है किसी को समझना उसके होना उसका
ख्याल करना, फिर उसको प्यार का नाम देना।
क्यूंकि दिल, जमीर, तहजीब जो भी था वो तो हुस्न से ही हिल
गया।

सिर्फ हुस्न से हुस्न का इकरार हुआ तो ऐसे इश्क को तो एक दिन
ढहना ही था,
क्या हैसियत है मेरी की कौमों को इश्क पढ़ाऊँ मुझे तो बस इतना
ही कहना था।

अगर सिर्फ हुस्न से इश्क हुआ ठाकुर,
तो वाजिब है मन सिर्फ हवस का मैला था।

संघर्ष

कभी जंग लड़ी खुद से तो,
कभी जद्दोजहद थी अपनों से।

कभी अधूरा छोड़ा सपनों को,
कभी शिकायत थी अपनों को।

कभी टूट कर चुभ गया खुद को,
मेरा ही टूटा एक हिस्सा।

हर मोड़ पर मरोड़ा मैंने मसलों को,
हर मोड़ पर बनाया मैंने एक नया किस्सा।।

हिन्दू जातिगत भेदभाव की समाप्ति का एक निवेदन करती कविता

मैं धरती पर मात्र सृष्टि के कल्याण हेतु हूँ,
जीवन को विज्ञान से जोड़ता राम सेतु हूँ।
मैं सार्थक करता जीवन का हर बिंदु हूँ, हाँ हाँ मैं हिन्दू हूँ।

पहचान मुझे हर बिंदु में, पहचान मुझे हर सिंधु में,
मैं हिन्दू, हाँ हिन्दू, अब भेद बता हर हिन्दू में।

महादेव के शीश पे सजता मैं शीतल इंदु हूँ,
राम के मस्तिष्क पे सजता चंदन सा बिंदु हूँ
पहचान मुझे हर बिंदु में, पहचान मुझे हर सिंधु में,
मैं हिन्दू, हाँ हिन्दू, अब भेद बता हर हिन्दू में।

एक ही वार में दो टूक कर दूँ महाराणा का भाला हूँ
धरती वीरों से विहीन कर दूँ परशुराम का फरसा हूँ,
अंतरिक्ष से नजर आऊँ महाकुंभ सा जलसा हूँ,
पहचान मुझे हर जलसे में।
मैं हिन्दू, हाँ हिन्दू, अब भेद बता हर हिन्दू में।

मन चंगा तो कठौती में गंगा निकालता संत रविदास हूँ,

राम चरण धो राम को गंगा पार लगाता निषादराज सा दास हूँ,
पहचान मुझे हर सेवा में, पहचान मुझे हर सेवक में
मैं हिन्दू, हाँ हिन्दू, अब भेद बता हर हिन्दू में।

सृष्टि का कल्याण करती शूद्र की मैं सेवा हूँ,
ज्ञान की खोज में निकला ब्राह्मण सी अभिलाषा हूँ।
धन धान्य की व्यवस्था करता वैश्य का बही खाता हूँ
तलवारों को जो पूजे वह क्षत्रिय रूप दिखता हूँ

परिचय सम्पूर्ण हिन्दू का आज तुझे बतलाता हूँ ।

वीर मुझसे उत्पन्न हुए, महावीर मुझसे उत्पन्न हुए,
उत्पन्न मुझसे सिक्ख, उत्पन्न मुझसे बुद्ध है, गंगा मेरे श्रम का फल
जिसे छू कर तू शुद्ध है,
पहचान मुझे हर शुद्धि में, पहचान बुद्ध की बुद्धि में।

तलवारों पर साहस तोल दूँ ऐसा जीजाबाई का लाल मैं
इंच इंच कट जाऊँ पर धर्म न छोड़ूँ ऐसा शिवाजी का लाल मैं
पहचान मुझे रक्त की हर बूँद में, पहचान मृत्यु के जाल में।

समय के आरम्भ में मैं, समय के अंत में मैं
पहचान समय के फेर में, देख समय की बेला में,
हूँ धरती पर सबसे अलबेला मैं।।

मैं ईश्वर की संतान नहीं स्वयं ईश्वर हूँ कुरुक्षेत्र में बोला था,
माँ सबरी के झूंठे बेर खा द्वार स्नेह का खोला था
विश धर लिया कंठ में तब हर जन बम बम बोला था

पहचान कृष्ण के अंश में पहचान राम के वंश में
पहचान महाकाल के विध्वंस मै,
मैं हिन्दू हाँ हिन्दू भेद बता अब हिन्दू में।

पहचान मुझे हर बिंदु में, पहचान मुझे हर सिंधु में
हाँ हिन्दू मै हिन्दू भेद बता अब हिन्दू में।।

कृष्ण से प्रार्थना

नित मन में मेरे तेरी स्तुति हो,
धर्म पथ की सदैव स्मृति हो।

हे कृष्ण ये जीवन तुमको समर्पित है,
हर कोशिका मेरे तन की अर्पित है।

ये पार्थ अब चल पड़ा है,
जहाँ मिलो तुम राह तकते उसी राह निकल पड़ा है।

कर्म भी भीषण ही करना पड़ेगा,
क्यूंकि तुमको पाना मेरा स्वप्न बड़ा है।

कर्म पर तुम अधिकार नहीं रखते,
स्वेच्छा से तुम्हें देता हूँ,

हाँको मेरी चेतना के अश्व अपनी ही दिशा में,
मैं लेकर आशीष तुम्हारा पूर्ण चेतना में यह कहता हूँ ।

हरे कृष्ण हरे कृष्ण, कृष्ण कृष्ण हरे,
हरे राम हरे राम, राम राम हरे हरे।।

एक पुष्प को देखा तो ऐसा लगा

यादें झकझोर कर देखूँ अतीत की,
तुम स्त्री तो नहीं ना ही धुन कोई संगीत की।

लहर तुम्हारी सजी है जैसे धुन में तरंगें उठाता कोई गीत हो,
शब्द अंकुरित हो रहे हैं ऐसे जैसे शब्दों को भी तुमसे प्रीत हो।

खुशबुएँ लहराता पवन तुम्हारी,
मुस्कान तुम्हारी नवनीत है।

रंग पुष्पों के हैं या तुम्हारी सौम्यता का कोई उज्जवल दीप है,
देखता रहूँ, सुनता रहूँ जैसे कोई गायक गाता गीत है।

यादें झकझोर कर देखूँ अतीत की,
ना तुम स्त्री हो ना धुन कोई संगीत की।

व्यवहार में तुम बड़े ही सहज सुनीत हो,
स्वच्छ सुंदर सरलता में तुम कितने पुनीत हो।

यादें झकझोर कर देखूँ अतीत की,
ना तुम स्त्री हो ना धुन कोई संगीत की।

बलिदानियों के सम्मान में

देश की लाज बचाकर, मिट्टी का कर्ज चुकाकर।
मेहंदी लगे हाथों से नजरें चुराकर,
राखी के बंधन से कलाई छुड़ाकर चले गए।।

इतराता हिमालय अपनी ऊँचाइयों पर ।
साहस और जज्बे से उसको रौंद कर चले गए
वे बहबूब ए वतन थे लहू से इतिहास लिख कर चले गए।
उनके भी आँगन में बुलबुल सी चहचहाती एक
चिड़िया थी।
जिसकी मधुर आवाज वे बिना सुने ही चले गए।

बूढ़ी माँ कितनी उतावली थी,
बेटे के सर पे सेहरा होगा।
पत्थर दिल थे,
बूढ़ी माँ को भी रुलाकर चले गए।

शहर में इश्क का मौसम था,
इक फूल कुमारी को जल्द आने की कह कर गए थे,
वो महबूब ए वतन थे ।
उस अभागी का दिल दुखाकर भी बड़े रौब से चले गए।

तुम ईश्वर को फूल और पत्तियाँ चढ़ाकर,
यश और वैभव की चाह रखते हो
भारत माँ के भक्त शीश चढ़ाकर,

बिन मुराद माँगे ही चले गए।

चंद रोटियाँ ज्यादा खाकर तुम्हें
बल का मद चढ़ जाता है।
सिंघों को भी मूंछ में ताव देकर छेड़ देने वाले,
वीरता क्या होती है
वीरों को दिखाकर चले गए।

वीरों के उसूल होते हैं,
युद्धों के भी नियम होते हैं।
पर वे कायर क्या जानें,
जो सोते सिंह का शिकार कर, दुम दबाकर चले गए।

कलमकारों की कलमें भी नतमस्तक हैं
वीरता को परिभाषित कर,
कवियों के शब्द कोष शेष कर चले गए।
वो महबूब ए वतन पुलवामा में लहू से इतिहास लिख कर चले गए।

तिरंगे की शान मैं केसरिया रंग और गहरा कर,
उसी तिरंगे में लिपटकर चले गए।
वे महबूब ए वतन थे, वतन की मिट्टी में चले गए।

कितनी महँगी है आजादी कौम की,
अपनी जान से कीमत चुकाकर ।
हमको कर्जदार करके चले गए।।

तुम मोमबत्तियाँ जलाकर उनका कर्ज उतारने की कोशिश करते
हो,
उन मोमबत्ती के पैसों को उनके परिवार को देदेना।

शायद वो पेंसिल जिसको उनकी नन्ही राजकुमारी अपने हाथों में
थामेगी तुम्हारी दी हुई हो तो जीवन सफल हो जाएगा तुम्हारा।

वही नन्ही चिड़िया जिसको वे बिना दुलारे चले गए।
परंपरा बलिदान की देश के इतिहास की निभा कर चले गए।
वे महबूब ए वतन थे अपना इश्क निभा कर चले गए।

शहर क्या है गांव की नजर में

खुली हवा में घूमता था,
जन्नत सा नजारा था,
जब पहली बारिश की खुशबू सूँघता था।
आ गया हूँ कमाने इस शहर में,
कुछ रोज में लगता है हो गए जमाने इस शहर में।

हवा कितनी साफ थी ये कोयल गाके बताती थी,
खुशी के इजहार में पंक्षी पंख फड़फड़ाते थे,
लाश लिए खड़े हैं दरख़्त राहों में अपनी अपनी,
हवा भी जहर है तेरे शहर में।
हवाई जहाज तो बहुत उड़ते हैं
पर चिड़िया गुम है तेरे शहर में।

हर शख्स नाम से जानता था,
कहीं न कहीं से कोई रिश्ता मानता था,
हर आदमी अजनबी सा क्यूँ है इस शहर में,
इल्म तो है पर तहजीब गुम है तेरे शहर में।

जिस रोज घर रोटी अच्छी न लगती थी
किसी भी घर चला जाऊँ मेरी भी थाली लगती थी
रोटियाँ कम थीं पर कोई भूखा न सोता था
हर शख्स रोता सा क्यूँ है इस शहर में
कहीं रोटियाँ फिकती हैं कही लोग भूखे सोते हैं तेरे शहर में।

ठंड जब लगती थी गाँव के चौक में आग जलती थी
बैठता था तजुर्बा वहाँ तजुर्बे की तालीम मिलती थी
लिखा पड़ा कम था मेरा गाँव पर हर बुजुर्ग को इज्जत मिलती थी,
तजुर्बे की ये तौहीन क्यूँ है तेरे शहर में।
बूढ़े माँ बाप के लिए जगह नहीं रहती बेटे के घर में।

मेहनत की थकावट सुलाती थी रोज मुझे
गलगलीया की चहचाहट उठाती थी रोज मुझे
इतना शोर सराबा क्यूँ है इस शहर में
उठने की छोड़ आँख तलक नहीं लगती है तेरे शहर में

चाचियाँ बहुत थीं मेरी गाँव में
भतीजियाँ भी सलीके से दुपट्टा किया करती थीं
ये रिवाज नहीं है तेरे शहर में
सलीका छोड़ दुपट्टा किधर है तेरे शहर में।

इश्क तो वहाँ भी होता था आम बात है
रास्ते चलते वक्त कभी उनसे नजरें मिल जाती थीं
ये भी एक खास बात है
इश्क बेहिसाब था इश्क करने का एक सलीका था।

इश्क सिर्फ हुस्न तक महदूद है इस शहर मे
इश्क का बाजार लगता है यहाँ
ठगा - ठगा सा हर महबूब तेरे शहर में।

हर शख्स के गिरे हुए अरमान क्यूँ हैं
अदब छोड़ ये बदतमीजियाँ क्यूँ हैं,

लड़कियाँ सिर्फ सामान क्यूँ हैं तेरे शहर में।

गोलियाँ नहीं थी लट्ठ भतेरे थे,
कोई किसी बेटी से बद सलूकी करे
तो हर घर से लट्ठ निकलते थे
गाँव के मामले गाँव में ही निपटा करते थे,

ये खासियत नहीं है तेरे शहर में
गोलियाँ का जोर हो पर ताकत नहीं है तेरे शहर में
जहाँ गोलियों के शोर से आसमाँ थर्राना था,
सियासत हिल जाए इस कदर शेर सा गुर्राना था,
किसी की आबरु का जुलूस निकाला था तेरे शहर में
किसी के लाडली के लुट जाने पर
मोमबत्तियाँ की बारात लेकर निकले थे तेरे शहर में।

सहूलियतें बहुत हों पर
बेटियाँ महफूज़ नहीं हैं तेरे शहर में।

मुझको आदत नहीं है

बड़ा फिक्र करते हो हालातों के नाजुक होने का,
इमारतें तबाह होते देखी हैं पानी के जलजलों से।
यूँ हल्की हल्की बूंदों से रुकने की मुझको आदत नहीं है।

सुनाते तो हो मुझे हर रोज किस्से अपनी मजबूरियों के,
यूँ खुद के गम गुनगुनाने की मुझको आदत नहीं है।

बहुत खफा रहते हो हमसे हर वक़्त शिकायत रहती है
मान भी जाओ की मुझे किसी को मनाने की आदत नहीं है।

ढूँढ तो रहे हो तुम कुछ अपने लिए मुझमें, मैं किसी काम न
आऊँगा, मेरे टूटे हुए होने का कोई गवाह नहीं है।

बहुत उम्मीदें न बाँध लेना मुझसे,
कि गिरते पड़ते पहुँचा हूँ यहाँ,
यूँ ठहरने की मुझको आदत नहीं है।

क्या धमकाते हो मुझे हर वक्त बर्बाद करने को,
जाओ भी ऐसी भी मेरी कोई तिजारत नहीं है।

सुना है शोहरत की बहुत चाह रखते हो तुम,
दो वक़्त पेट भरने के बाद मुझको और कमाने की आदत नहीं है

अब निकला ही हूँ तो कुछ हासिल करके ही फिरुँगा,

यूँ भीड बने रहने की मुझको ख्वाहिश नहीं है।

उम्मीद है कि बुझती नहीं मेरी, और शाम ढलते ही घर लौट आने की मुझको आदत नहीं है।

मैं निकलूँगा घर से तनिक छाँव तो होने दो

मैं निकलूँगा घर से तनिक छाँव तो होने दो,
छालों से परेशान हैं मेरे पाँव जरा संभलने तो दो।

मैं हर सवाल का वाजिब जवाब दूँगा,
पहले मुझे मेरे जवाब तो मिलने दो।
यूँ ही ताने न दिया करो मुझे कुछ हासिल न करने पे,
मैं बहुत कुछ करूँगा मुझे कुछ करने तो दो।

बंदिशें भी तुम्हारी दी हुई हैं,
बातें भी तुम बनाते हो।
मेरी हर शिकस्त पे जश्न भी तुम मनाते हो।
हर कतरा मेरे जिस्म का शोर मचाएगा मेरी फतह का,
फिलहाल मेरे मन की आवाज़ मुझे सुनने तो दो।

हर जंजीर को मेहनत की शमशीर से तोड़ूँगा मैं।
इंतजार करो मेरी चिंगारी में हवा लगने तक का,
फिर आग से मेरी तुम अपनी जलन को जलने दो।

उड़ान भरूँगा बहुत ऊँची ऊँची फिर भी चाहता हूँ कि मुझको जमीं
से जुड़ा रहने दो,

जला जाता हूँ खुद अपने ही आप में,
चला जाता हूँ कुछ पाने की आस में।
हर वक़्त यूं सताया ना करो, कि सब कुछ पाना ही नहीं होता।
कुछ मिला तो तुमको खबर हो ही जाएगी, फिलहाल मुझे चलने
का मजा तो लेने दो।

मैं ऐसा, मैं वैसा, मैं कैसा ये खबरें तुम्हें सब पता हैं,
मेरे शौक मेरे तरीके से सब खफा हैं,
तुम खुद के सपने देखो न, क्यूँ नहीं भूल जाते मेरी खताएँ।
तुम खुद अपनी राह चल कर तो देखो।

मैं निकलूँगा घर से तनिक छाँव तो होने दो।
छालों से परेशान मेरे पाँव संभल तो जाने दो।

मैं खुद को इश्क का फरहाद समझता था

मैं खुद को इश्क का फरहाद समझता था,
तेरे सामने खुद को पाकर कुछ लफ्ज़ न जोड़ पाया।

गुफ्तगू करने की फिराक मैं था मैं,
ये इल्म ना रहा कि हुस्ने नूर को सलाम भी न कर पाया।

शहरे इश्क आगरा ने सिखा कर भेजा था,
कि कैसे इजहार ए इश्क होता है।
मुफलिसी के दिन थे मैं ख़्वाबों का ताजमहल ना बना पाया।।

अभी भी आस है कि ये मुफलिसी हट जाए,
काली रातों को नूर गटक जाए।
तू जो तशरीफ हमारी मिलखियत में लाए,
क्या खबर कि ये ठाकुर नया फरहाद बन जाए।

लफ़्ज़ों का फन तो गंगा जमुनी तहजीब ने सिखाया है,
हर्फ दर हर्फ इजहारे काबिल बनाया है।
बड़ा गुरुर था हमें इस तालीम का,
शायद हमारा गुरुर तोड़ने के लिए ही खुदा ने तुझे बनाया है।

गलतफहमियों का अंबार लगा लेते हैं,
कुछ शख्स इश्क का अंदाज लगा लेते हैं।
होश नहीं रहता दुनियाँ जहाँ का जब वो मुस्कुराकर पास से गुजर जाती है।
पता नहीं कैसे ये अमन के दुश्मन इश्क मैं मजहब अड़ा देते हैं।

जिसको भी गुरूर हो अपनी होशियारी और बहादुरी का
ऐलान ए जमूरियत है कि वो मैदान ए इश्क मैं आए।
यहाँ जंग जीतने के लिए की दरकार नहीं है,
कभी कभी फैसले खामोशियाँ कर देती हैं।

लोंग डिस्टेंस प्यार

तू उस पार रहती है, मैं इस पार रहता हूँ।
तू पंखुड़ी गुलाब सी है, मैं तेरी प्यास में प्यासे भँवरे सा हूँ।

तू हँसे तो मन्हूसियत भी खिलखिला उठती है,
मैं हँस दूँ तो खुद में मजाक जैसा हूँ।

तू उस पार रहती है, मैं इस पार रहता हूँ।

वक्त के थपेड़ों से भरभराया सा मैं,
एक कलाकार की तराशी हुई सी हुस्न कि प्रतिमा है तू।
तू उजालों में मस्त में अंधेरों में मगन रहता हूँ।

तू उस पार रहती है, मैं इस पार रहता हूँ।

सुबह, दिन और शाम बस यही सोचता हूँ।
कभी तो ज्वार आयेगा इस नदी में और तू बह चली आएगी मेरे आगोश में।
तू भी अपनी आँखें बंद करले और में भी ना रहूँ होश में ।

उस पार मेरा आना जाना हो जाए इस पार तेरी खुशबू महके। और ये ठाकुर मुस्कुराके के बोले
उस पार मेरी बस्ती है, इस पार तेरा ठिकाना है।।

तू उस पार रहती है, मैं इस पार रहता हूँ।

हमारे मिलन का चर्चा कुछ यूँ करें लोग,
तू तरकारी में हल्के नमक सी है और में हरे धनिए की खुशबू सा हूँ।
तू मिठास सी, में हल्का सा चटकरा हूँ।।

तू उस पार रहती है, मैं इस पार रहता हूँ।
तू पंखुड़ी गुलाब सी है, मैं तेरी प्यास में प्यासे भंवरे सा हूँ।

एक और प्रयास कर

रास्ते जो वीरान हैं, फासले जो अनजान हैं,
गुम खामोशियाँ और अंधेरे ये गुम नाम हैं।
माना दौड़ती इस दुनियाँ में रुकना मना है पर
अपने दिल से आती आवाजों को भी तो सुनना है,

क्या हश्र होगा, क्या अंजाम होगा, क्या इंतेज़ाम होगा,
रिवायत है यहाँ तू कुछ नया कर तेरे सर पे हर इल्जाम होगा।

संघर्षों से सीख तू, माँग ना दया की भीख तू,
हर गलती पे ज्ञान मिलेगा, ले नई सीख तू।

भूल में क्षमा बन, पापों में प्रायश्चित बन,
ढलती शाम का दीपक बन, बुझती साँस का जीवन बन।
नारायण भी मौन तोड़े ऐसी भीष्म प्रतिज्ञा बन।

परिणाम में प्रशंसक बहुत मिलेंगे,
प्रयास में किसी से ये आस न कर।
यूँ गिर न थक हार कर, लड़ता रह फिर वार कर।

ये घड़ी जो निराश है, समय बड़ा त्रास है।
वक्त ने चुना है तुझे, तू बड़ा खास है।

हर टिक टिक पे नजर रख ये कह रही कुछ बात है।
मत पूछ शरीर के छालों से कितना परेशान है,

खेल कितना खेल सकता है मरना सबका ही अंजाम है.

न हालत देख न हाल देख वक्त को जो हराने का संकल्प है,
जुट जा तू इस जीवन संघर्ष में यही मात्र विकल्प है,
समेट अपने आप को टुकड़ा टुकड़ा जोड़ कर,
राम सा किरदार बन रख दे शिव धनुष तोड़ कर।

क्या हुआ जो मिट गया जो था तेरा वो लूट गया
नज़रों में गिर जाएगा खुद की जो तू पथ से हट गया।
बैठ न थक हारकर, लड़ता रह फिर वार कर।

मेरे बारे में सुना है मैंने

हाँ सुना है मैंने।
बहुत कुछ सुना है मैंने।

लोगों को बाते करते मेरे बारे में,
मेरे सामने बातों में मेरी तारीफें,
फिर पीछे अजीब सी बातें इशारे मैं।

हाँ सुना है मैंने।
बहुत कुछ सुना है मैंने।

बहुतों को मुझसे एक आस है,
शायद कुछ तो ऐसा मुझ में खास है।
बहुतों को बहुत शिकायत हैं मुझसे,
बहुतों को बहुत सी हिदायत हैं मुझको,
इन सब अड़चनों के बीच एक आसान सा रास्ता चुना है मैंने।
क्योंकि बहुतों से बहुत कुछ सुना है मैंने।

यूँ ही नहीं मैं बातें घूमी घूमी सी करता हूँ,
एक अरसे तक दीवारों से झिंगुरो की आवाजों को भी बहुत ध्यान से सुना है मैंने।

कोई नाराज नहीं था जिंदगी से हैरान था,
जिंदगी के मासूम सवालों से परेशान था।
मैं परेशान हूँ ये सोचकर कि कोई,

मेरी तरह ही मुझसे पहले भी परेशान था।

तुम कोई जोर न करना खुद को मुझसे बेहतर बताने का,
मैं यूँ भी तुमको खुद से बेहतर कह दूँगा।
क्योंकि अकेले में बैठकर खुद की गलतियों को
कई रोज तक गिना है मैंने।

अपने सुंदर चेहरे न दिखाना मुझे, क्योंकि मुझे चेहरों से कोई खास प्रेम नहीं होता,
झुर्रियों के पीछे छुपी हुई एक बुढ़िया की सुंदर सी लोरियों को
बहुत सुना है मैंने।

हाँ सुना है मैंने।

उजालों को जैसे कोई रंजिश हो मुझसे।
पर अंधेरों ने बड़े ध्यान से सुना है मुझे।

हाँ सुना है मैंने।
बहुत कुछ सुना है मैंने।

सनातन क्या है?

हर नदी को माता कहता,
हर सिंधु की बूँद में बहता,
ऋषियों की धरा पर रहता,
सीमाओं में असीमित हूँ,
मिट गईं सभ्यताएँ अनेकों,
मैं सनातन हर युग में नव निर्मित हूँ,
जनम लेने वाला मरे मैं अजन्मा सदैव जीवित हूँ।

आकाश, पवन, अग्नि, धरा और जल,
आ सनातन की असली सैर कराऊँ चल।

हर समस्या का ये समाधान है,
विधि का यही विधान है,
अधर्म के लिए शमशान है,
मानवता का निशान है।

पंचतत्व का ये तंत्र है,
शांति दया कृपा और करुणा का ये मंत्र है।

सुश्रुत, रामानुजन, आर्यभट, चाणक्य,
बौधयान, भास्कर, महावीर और वराहमिहिर
है धरती ये विज्ञानियों की
चाणक्य, विदुर, भृगु, वाल्मीकि रविदास
जैसे ज्ञानियों की

दधीचि कर्ण राजा बलि
जैसे दानियों की।
हर समस्या का समाधान करने वाले प्राणियों की,
मधुर बंसी वीडा डमरु संस्कृत जैसी वानियों की।
पांचजन्य की रणभेरी और ब्रह्मास्त्र की कहानियों की।

समुद्र को मथ डालने वाले देवों कि संतान हम,
गीदड़ को शेर बनाने वाले गुरुओं की किरपान हम।
सनातन शाश्वत ज्ञान शुद्ध जिसने संसार को दिए सिक्ख जैन
बुद्ध।
यदि अब भी सनातन से है कृद्ध जा गंगा नहा कर मन को शुद्ध।

शब्दों में समाने वाला ये धर्म नहीं,
हो विरुद्ध प्रकृति के नियमों के ऐसा इसका कर्म नहीं।

तुम्हारे लिए अलग होना चाहिए

जीवन के झमेले में, कुछ पल फुर्सत के जीता हूँ,
मासूमियत का शर्बत हो आँखों में गुलाब जल लिए।
मैं बैठकर पास तुम्हारे हवाओं से अमृत पीता हूँ।।

जहाँ बात हो बेबात की, वो बातें मैं सुनता नहीं,
बात हो आप की तो बात में लॉजिक मैं ढूँढ़ता नहीं।

शायरी, कविता, गजल या गीत,
तुम्हारे लिए कुछ अलग होना चाहिए।
हाँ तुम किसी और से अलग नहीं,
पर मेरे लिए तो तुम वो करती हो,
जो कोई किसी के लिए नहीं करता।।

तुम्हारे लिए वह कैसे करूँ जो सबके लिए करता हूँ,
तुम अलग हो कुछ तो फेर बदल होना चाहिए।
ये दुनियावी अदला बदली का खेल बदलना चाहिए।

तुम्हारे लिए कुछ अलग होना चाहिए।

हर तरफ ये शोर क्यों है। (गजल)

हर तरफ ये शोर क्यूँ है,
नफरतें फैली हुई, इश्क कमजोर क्यूँ है।

तेरे जाने के बाद मेरी फिर शाम न हुई,
ये साँस अब तक चल रही क्यूँ है।

फुरसत के लम्हों को कुछ नाम दे न सका,
मोहब्बत तो हमारी शहर भर मशहूर रही
ये आखिरी अलविदा, ये रुखसती बेनाम क्यूँ है।

टहनियों के कटने पर चुप खड़ा रहा,
पत्तों के झड़ने पर ये दरख़्त चीख उठा क्यूँ है।

हर तरफ ये शोर क्यूँ है,
इश्क के मौसम में ये रुखसाती क्यूँ है,
बे मौसम पतझड़ क्यूँ है।

कोई सुंदर सी

तुम साँझ का चढ़ता चाँद
मैं सुबह का बुझता दीपक हूँ।
तुम सुंदरता की अतिशयोक्ति,
मैं तुमसे जुड़कर रूपक हूँ।

हे चंदन वर्ण हे स्वर्ण कुंदिनी,
हे चंचला सी चंचल पुष्पों की संगिनी,
हे पाखी सी मधुर, अप्सरा सी सुंदरी,
ये बताओ आकाश से कब उतरी।

एक और प्रयास

झूठ है सूरज का जुगनुओं से रोशन होना,
खुदा की तौहीन है जिंदा रहते हार कर मायूस होना।
कुछ ख्वाब जो बह गए समेट उन्हें,
हर किसी को अपनी मर्जी के वक्त में सब हासिल नहीं होता।
फिर कोई जुगत लगा एक बार फिर से लपेट उन्हें।

संघर्ष

जीवन संघर्षों का निवास है, दुख, सुख का इसमें वास है।
दो तिलांजलि तुम बाधाओं को, नित बनती टूटती आशाओं को।

गहन चिंतन कर, तनिक सोच विचार कर,
साथ क्या जाएगा ये हिसाब कर।
गर हिसाब में कुछ हाथ न आया,
तो कुकर्म तेरा किस काम है आया।
परोपकार तू करके देख, दुख दुखी का हर के देख,
बहुत छलावा किया अब दूसरों के लिए जीके देख।

जा माँ के गले लिपट जा तू, पिता के चरणों में प्रणाम कर,
गर अकेला है इस दुनियाँ में तो एक काम कर।
वृद्धाश्रम जा और देख तू अकेला परेशान नहीं,
उनके हाल चाल पूछ और एक नया परिवार निर्माण कर।

संघर्षों में लिपटा तू एक नहीं, इनसे अछूता संसार में कोई नहीं।
अपने वर्तमान और भूत की आने वाले भविष्य की अवस्था देख रो
लिया हो तो राह खोज एक नई।

हर पथ का तू संज्ञान ले, जीवन सुखद के लिए ज्ञान ले,
खुश रहना एक विकल्प है कोई परिणाम नहीं तू ये जान ले।

बहुत फँसा है, बहुत धँसा है सिर्फ तेरी नहीं ऐसी दशा है,
करोड़ों हैं संसार में जिनको भी दौलत का नशा है।

इस नशे को तू त्याग दे, हथेली पर नया दीप जगा,
जा खुशी से अपनी संसार को जीना सिखा।

संघर्ष

रौंद के फेंक दिया जब अपनों ने,
औकात देख अपनी कह दिया जब सपनों ने।

तो संघर्ष ही तो बस विकल्प रह गया,
करूँ या मरूँ का प्रश्न रह गया।
बोल भाग खड़ा होगा या लेगा रार,
धीरे से मन का विश्वास कह गया।

निकट - निकट और निशान - निशान,
संकट है एक बड़ा विशाल।
हर पल हर पहर ये प्रश्न है करता,
बोल भागेगा या मचाएगा भौकाल।

सामर्थ्य मेरा प्रश्न है करता,
खुद की क्षमता को ललकार है देता।
हर किसी के तानों से हार कर,
भागेगा या देगा माकूल जवाब।

बोल भागेगा या लेगा रार,
बोल भागेगा या मचाएगा भौकाल।

मेरी अपनी रात

रात है मुझे जो अपना लेती है,
दिन में भटक जाता हूँ मैं,

अंधेरे में मैं सपनों का रास्ता खोजता हूँ,
दिन की मजबूरियों में खो जाता हूँ मै।

रात को अपनी हदें तोड़ने की कोशिश करता हूँ,
दिन में बहुतों को बहुत खटकता हूँ मैं।

वो शख्स

होकर गमे मशरुफ ये दिल उन्हीं चाहतों की फिक्र करता है,
जो दिन पलों से भी पहले गुजरे, उनकी खूबसूरती का जिक्र करता है।

लाखों मिलते हैं राही मंजिलों के मरहलों में,
एक वही थे जिनका हमसफ़र होने को ये मंजिल बदलने की ज़िद करता है।

हम आब्सार ए ख़्वाहिश दिखाते हैं जिनके पाजबान होने को,
वो शख़्स इतना कमजोर कहाँ, जो छोड़ गया हमें इज़्तिरारे हाल में रिवायत निभाने को।

थोड़ा मयस्सर तो हो सुकून वो आफताब भुलाने को,
ना हाथों में न लकीरों में ही मिला जो।
जुबाँ पकड़ लेता है जब ख्वाहिश हो कोई और मेहताब बुलाने को।

जिसके ख्वाब सजाते थे हम मनाजत करते करते,
ठाकुर थक गया अब जिक्र ए हुजूर करते करते।

इजहार ए इश्क

मैं किसान बन जाऊँ तुम लहलहाती फसल बन जाओ
मैं खेतों से निकलती नहर तुम गंगा का पानी बन जाओ।

सुनो मैं शहर बनूँगा तुम मुझमें बसा घर बन जाओ,
मैं अजनबी हूँ इस शहर में तेरे मेरी पहचान बन जाओ

मैं घना अंधेरा तुम चमकता सूरज,
मैं बहती खुशबू तुम महकता फूल।
मैं भुलक्कड़ तुम मेरी प्यारी सी भूल,

मैं गंगा आरती तुम किसी दरगाह से आती अजान बन जाओ
मैं श्रृंगार बनूँगा तुम गले का हार बन जाओ
मैं ब्लैक इन व्हाइट टीवी तुम दूरदर्शन का चित्रहार बन जाओ,

मैं गँवार बनूँ तुम मेरा गाँव बन जाओ
भरी दुपहरी मैं मेरी छाँव बन जाओ
साँस रुकती है इस शहर में तेरे,
मेरे गाँव की हवा बन जाओ।

जो छोड़ गए मेरा वक्त देख कर,
तुम थोड़े से उनसे जुदा बन जाओ
मैं नमाज़ी तुम मेरा खुदा बन जाओ

बड़ा निराश किया है दुनिया ने तुम पहली आस बन जाओ

ये जख्म भी प्यारे लगेंगे गर तुम मेरे दर्द की आह बन जाओ।
और नया नया लिखना सीखा है ठाकुर
तुम पहले मतले की वाह बन जाओ।